D' acqua e di farine

mulini ad acqua, appunti di viaggio

Edizione 2009

Un ringraziamento particolare a Piero Pazzaglia che mi ha spiegato i particolari e le funzioni degli attrezzi.

foto e disegni dell'autore

premessa

L'idea è nata casualmente. Dalla foto di una macina ad una mostra fotografica, da una mostra di attrezzi e macchinari all'edizione di un catalogo. La curiosità di un mondo ignoto alla memoria è andata aumentando. Sono seguite ricerche di archivio, esplorazioni di luoghi, documentazioni fotografica. Il tragitto nel labirinto delle piccole storie è stato un'avventura faticosa e straordinaria.

Le pagine che seguono sono appunti di viaggio in un mondo di cui sempre meno si conoscono e si ricordano segni, immagini e vicende umane.

L'autore

Cenni storici

Pare che la nascita concettuale del mulino idraulico si possa collocare intorno al V° secolo a. C.; ma la prima realizzazione è data intorno al II° secolo A. C.; infine, la diffusione generalizzata – l'industrializzazione - si ha a partire dal XII° secolo d. C., in modo differenziato a seconda delle aree geografiche e dei processi produttivi in corso e, dunque, a seconda delle condizioni economiche e sociali.

Territorialmente la maggioranza degli autori ne colloca l'origine nell'Illiria (direttrice Jugoslavia - Albania): da qui si sarebbe diffuso – forse grazie ai traffici – alla Grecia e alla Scandinavia per giungere fino in Cina. Non mancano opinioni, e testimonianze, che in aree geografiche diverse sia maturato un processo specifico di conquiste tecnologiche, in tempi e in modi diversi: potrebbe essere successo anche per il molino idraulico, che potrebbe essere nato in modo autonomo in Cina, e nei paesi scandinavi e, forse, in altre aree geografiche.

Traffici commerciali, guerre e conquiste da sempre hanno costituito veicolo di scambio e di integrazione delle conoscenze tecnologiche dell'uomo, oltre ché di incroci di razze e popoli. Solo quando si comprese, molto più tardi, che lo scambio poteva dare un vantaggio alla concorrenza, qualunque forma di diffusione della tecnologia fu proibita dalle corporazioni di appartenenza: nel XIII° secolo l'esportazione delle conoscenze era vietata dagli statuti delle Arti: chi si fosse avventurato a trasgredire le norme lo avrebbe fatto a rischio dell'incolumità e della testa.

L'uso dei cereali infranti è databile almeno all'inizio del neolitico quando le popolazioni nomadi tendono alla stanzialità ed inizia la coltivazione dei terreni, la selezione dei prodotti cerealicoli e la domesticazione degli animali. Le testimonianze archeologiche dicono che semi e attrezzi per triturare o macinare sono comuni a tutti gli insediamenti umani, almeno dal 10.000 a. C..

E' verosimile che quando l'alimentazione non fu più solo legata a caccia e pesca ma dipese in misura crescente dai prodotti della terra, freschi o secchi, si sia posto il problema della loro trasformazione e conservazione per averli a disposizione durante tutto l'arco dell'anno (orzo, avena, miglio, sesamo, grano, ecc). Non è escluso che, come spesso accade, l'acquisizione delle conoscenze sia avvenuta in modo del tutto casuale, osservando un fenomeno.

L'evoluzione dell'uomo è accompagnata, fino alle soglie dell'età moderna, dalla invenzione o dall'adeguamento degli attrezzi soprattutto quelli legati alla produzione e alla trasformazione dei prodotti della terra.

L'invenzione della ruota e lo sfruttamento del moto circolare continuo ebbe un'importanza simile all'invenzione del fuoco o della scrittura. La tecnica della ruota è nota da tempi remoti e un veicolo a ruote trainato da cavalli è conosciuto fin dal III° millennio a. C.. Ruote piene vengono utilizzate fino al 1.800 a. C.. Mezzi di trasporto rudimentali, treggia, slitta e giogo sono utilizzati fin dall'era mesolitica e neolitica. L'uso dell'asino per lavoro e trasporto è noto almeno dal 3.000 a. C..

fig. 1- carro in legno (III° millennio, a. C.).

Già nel terzo millennio a.C. si usano ruote con corona chiodata e ruote con cerchioni di rame (reperti di Susa), della tarda età del bronzo è una ruota a raggiera in bronzo.

Un carro da guerra a 4 ruote compare in Mesopotamia fra il 2.500 e il 2.000 a. C.

Le ruote a razze, utilizzate in particolare nei carri da battaglia, hanno raggiunto nel 1.475 a. C. un elevato grado di perfezione tecnica, oltre che artistica, come è documentato dai reperti della tomba di Tutankhamon.

Il mozzo in bronzo è noto dal VI° sec a. C.

fig. 2 - ruota piena (1.800 a: C.)

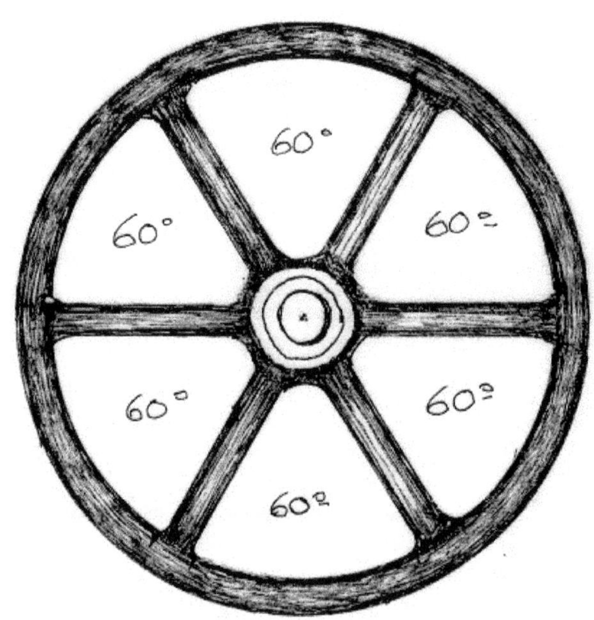

fig. 3 - ruota egizia (1.350 a. C.).

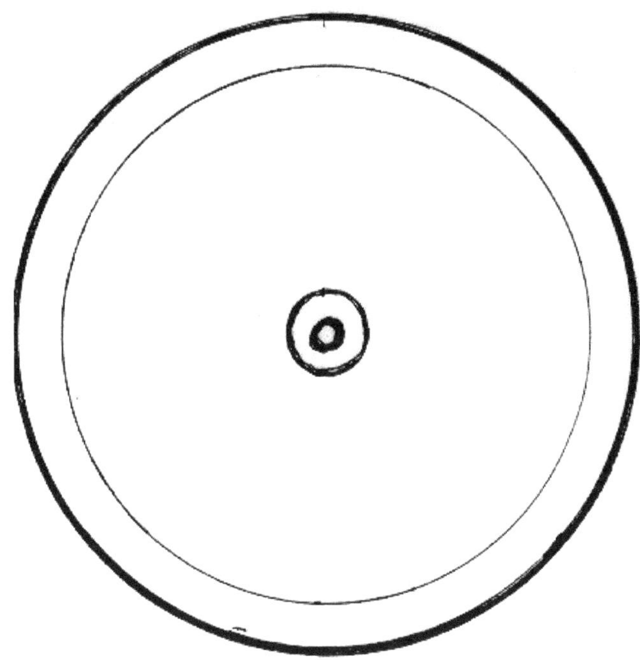

fig. 4 - ruota ittita piena e cerchiata

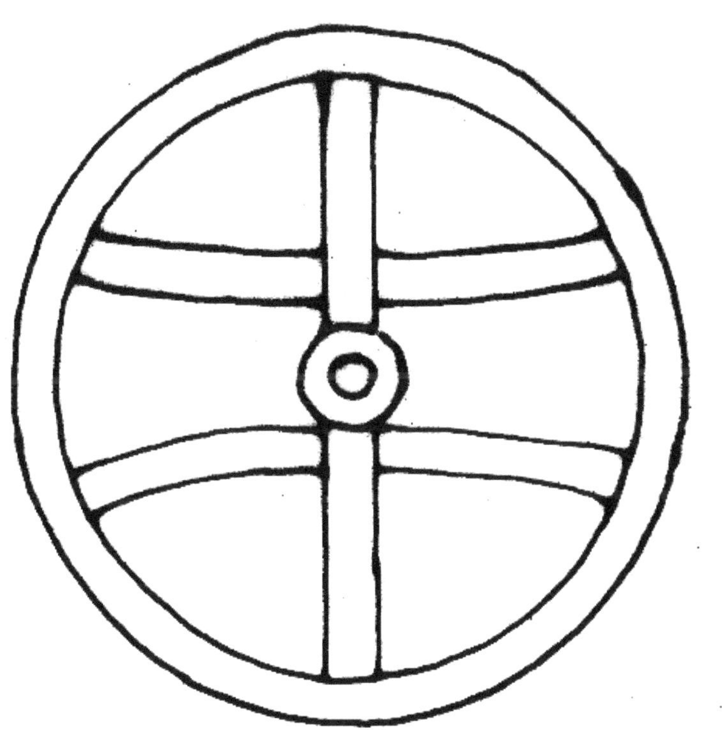

fig. 5 - ruota della tarda età del bronzo

“Non è improbabile che gli usi del moto rotatorio fossero scoperti, indipendentemente nello sviluppo di diversi tipi di applicazione e che non vi fosse, per esempio, alcun nesso evolutivo tra il fuso, il "trapano" da fuoco (Algeria) e il macinello rotante. La relazione fra la ruota del veicolo, la ruota del vasaio e l'arcolaio tuttavia è probabile”.

(Ch. Singer, Holmyard, Williams, *Storia della tecnologia*, Torino, Boringhieri, 1965, vol. I°, pag. 73).

D'altra parte anche la ruota del vasaio era in uso presso i Sumeri prima del 4.000 A. C.; familiare era anche la ruota a macinello o la mola rotante a mano. Il principio del moto circolare era largamente conosciuto e applicato, sia pure in modi semplici ed elementari. Chi sia stato il primo a trarre a conclusione queste conoscenze non è dato sapere, come pure difficile dire se il mulino idraulico orizzontale sia nato dall'una o dall'altra tecnica o da una commistione delle tecniche note. Le analogie più forti tuttavia paiono riscontrarsi con la ruota del vasaio.

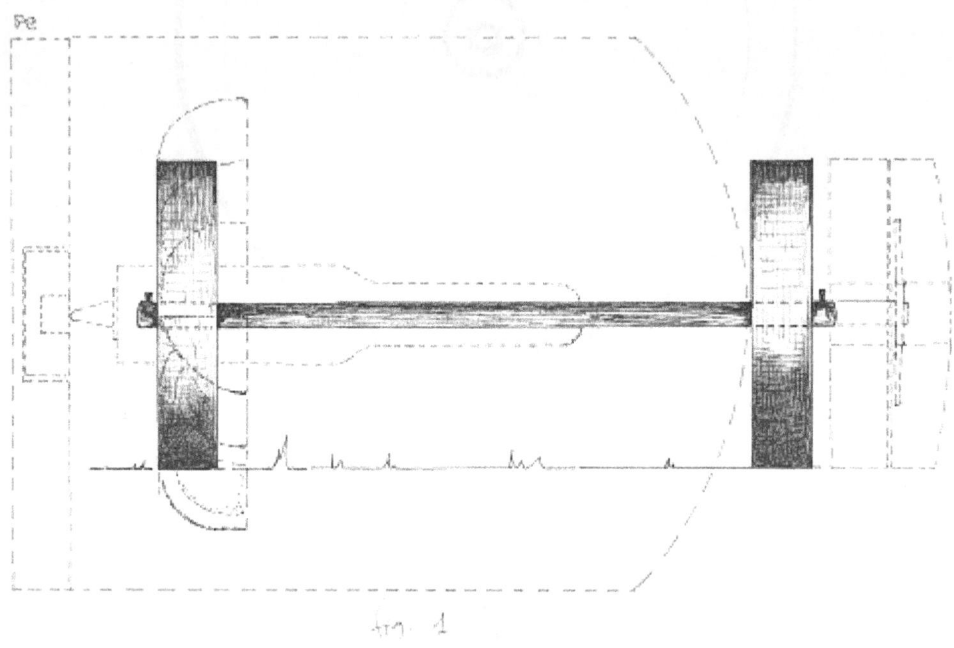

fig. 6 - asse

La necessità di spostare volumi e pesi, anche di grandi dimensioni, per usi militari o civili stimolò di certo i tecnici di allora ad ingegnarsi per trovare i modi più efficaci. Come e quando si sia giunti all'applicazione del moto circolare difficile dire. Gli Egizi applicarono abbondantemente la tecnica dello scorrimento su rulli dei blocchi usati nelle costruzioni delle piramidi. Non solo, ma da alcuni calcoli effettuati dagli archeologi, questo accorgimento permise loro un risparmio notevole di manodopera ed un altrettanto considerevole risparmio di tempo nei lavori di costruzione.

La invenzione dei metalli scandì l'utilizzo e le modifiche delle tecniche dell'uomo: dal 6.000 al 4.000 a. C. gli utensili furono ricavati dalla pietra e dal legno; ma dal 4.000 al 1.300 a C. l'uomo imparò a lavorare e forgiare metalli da cui trasse attrezzi più duttili, più resistenti ed efficaci (rame, piombo), e dal 1.300 a. C. poté disporre di attrezzi in ferro.

"Il pestello e il mortaio sono derivati dai modelli impiegati in epoca paleolitica per frantumare i generi alimentari. Il loro uso implica la combinazione della macinazione e della pestatura. Nei tempi neolitici questi due procedimenti vennero separati cosicché, per esempio, i cereali venivano prima decorticati mediante pestatura e successivamente le cariossidi venivano macinate per ottenere la farina.

I fornai romani, nonostante fossero caratteristicamente associati alla molitura, erano conosciuti come " Pestatori" (Pistores) dal loro più antico sistema di usare il pestello e il mortaio. Gli attrezzi per la macinazione, quali la macina a sella e, più tardi, la macina rotante derivarono da forme primitive di mortai e di pietre per la pestatura. I mortai per la decorticazione erano spesso di legno e collocati su un basamento.

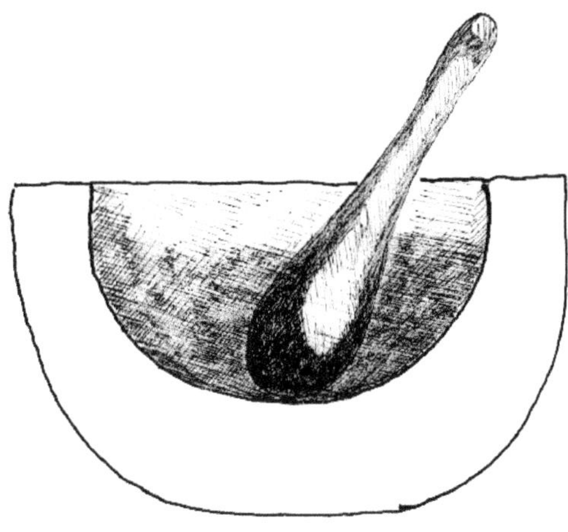

fig. 7 – crogiolo e pestello

Un semplice ausilio meccanico alla pestatura è costituito dalla sospensione elastica del pestello mediante una corda attaccata al ramo di un albero oppure ad una impalcatura elastica di legno.

Per secoli anche dopo la creazione dei forni pubblici a Roma (III° e II° secolo a. C.), fare il pane rimase uno dei compiti più importanti della massaia. In queste circostanze, la macina a sella e varie forme di mortaio per macinare il grano rimasero nell'uso domestico comune quando già da molto tempo erano stati introdotti sistemi efficienti, quali il mulino a pressione e la macina girevole.

Il mulino girevole era un perfezionamento della macina a sella. In esso tutte e due le pietre erano piatte e scanalate e quella superiore aveva una tramoggia con una fessura, cosicché le superfici macinanti erano continuamente rifornite di grano. La pietra superiore poteva anche essere dotata di un bastone infilato di traverso a guisa di manico.

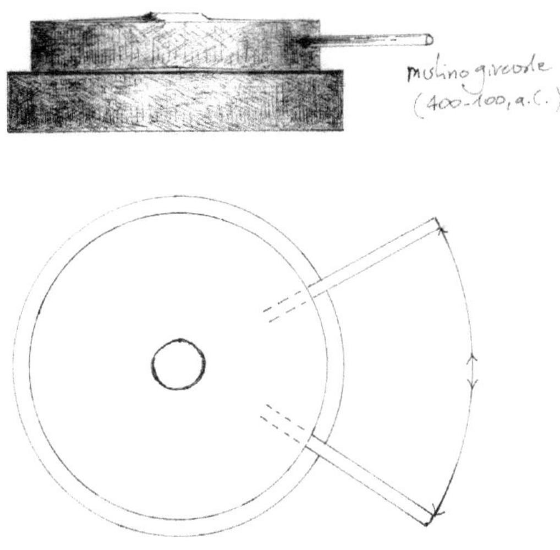

fig. 8 – mulino girevole

Questo mulino a pressione ha avuto probabilmente origine nell'Asia minore o in Siria; esso divenne comune in Grecia a partire dal V° secolo a. C. e a Roma nel I° secolo a. C.

La macina rotante è molto importante in quanto rappresenta la prima e più notevole applicazione del movimento rotatorio dall'invenzione della ruota del vasaio e del tornio dell'età del rame in Oriente.

fig. 9 - macina rotante (Siria, 2000 a. C.)

Sembra probabile che essa non derivi dalla macina a sella, ma dai frantoi da grano con pietre sferiche che si muovevano in bacini concavi dotati di bordi.

fig. 10 - frantoio da grano.

Pietre appaiate, o macinatoi, nei quali una sporgenza della pietra superiore fa perno in una rientranza di quella inferiore, o viceversa, erano usati in Palestina nel secondo millennio a. C.. Con l'aggiunta di un cavicchio, infilato nel lato della pietra superiore, come si vede in un esemplare proveniente da Tel Halaf, Siria, queste pietre divennero una macina rotante.

Nel periodo in cui la macina rotante si diffuse in Europa e nella zona del Mediterraneo occidentale, se ne potevano distinguere due tipi: quello iberico con due manici verticali e quello in uso in Europa centrale con il manico a raggio orizzontale tipico dei suoi antenati orientali. Queste mole apparvero con il comparire dei mugnai professionisti, e la loro evoluzione è da mettere in relazione con la produzione della farina su scala industriale.

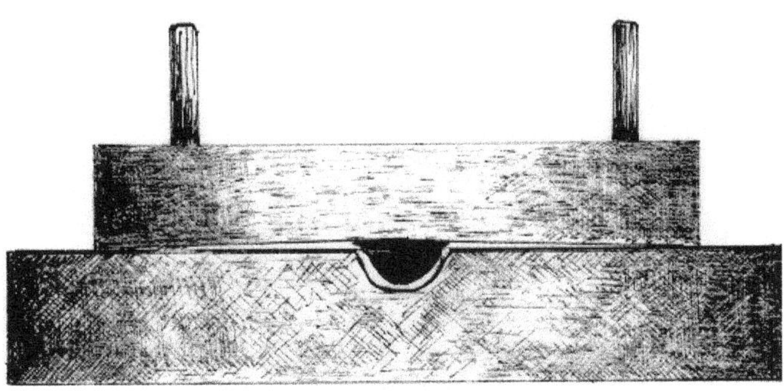

fig. 11 - macina rotante iberica.

...la diffusione del classico mulino a mano portatile, con le due pietre piatte, sembra strettamente connessa agli eserciti della Grecia e di Roma.

I soldati di questi eserciti macinavano il loro grano e i loro mulini a mano rappresentarono un aspetto caratteristico degli accampamenti dell'esercito romano. Ogni gruppo di 5 o 10 uomini era provvisto di un mulino a mano e ogni uomo portava con sé farina sufficiente per 30 giorni.

Per evitare che le mole aggiungessero alla farina polvere di pietra, la macina rotante perfezionata era dotata di un perno che usciva dal centro della macina inferiore; il peso della pietra superiore era trasferito a questo perno mediante una specie di cuscinetto o ponte di legno o ferro, fissato attraverso la perforazione della mola superiore, utilizzata per alimentare il mulino. Il cuscinetto era regolato in maniera tale che le pietre si toccavano solo leggermente, e nella maniera più efficace, ai bordi.

Il **mulino a maneggio** venne costruito in seguito incavando le superfici della macina e dando forma di tramoggia alla pietra superiore. Si trattava di un mulino molto più grande che veniva fatto girare con razze alle quali erano attaccati asini, muli, cavalli e anche schiavi. La dura pietra lavica vesuviana si dimostrò molto adatta ai mulini romani. Il mulino a maneggio era conosciuto in Grecia verso il 300 a. C., ma dal V° al IV° secolo a. C. apparecchi simili, dai quali forse derivò il mulino da grano, erano usati per frantumare il minerale nelle miniere d'argento del Laurio.

L'introduzione del mulino da farina in Italia risale al II° secolo a. C., quando Catone prescrive come dotazione necessaria per una fattoria "tre mulini manovrati da asini e un mulino a mano". Questi modelli costituirono per lungo tempo l'equipaggiamento tipico dei mulini romani, e resistettero all'introduzione del mulino ad acqua.

La prima testimonianza letteraria attendibile circa l'esistenza di una mola girevole a mano nella campagna romana risale a Virgilio (7 - 19, a. C.).

I cambiamenti più importanti a cui il mulino da grano andò incontro durante l'impero riguardano i metodi usati per farlo girare più che la sua costruzione. I Romani del periodo imperiale adoperavano mulini fissi abbastanza grandi, di circa 75 cm. di diametro, con la mola mobile connessa a un albero orizzontale al quale era fissata una ruota manovrata da uno schiavo".

(J. Le Goff, *La civiltà dell'occidente medievale*, Torino, Einaudi, 198I, pag.)

Nella evoluzione tecnologica è dato constatare che novità tecnologiche, anche di grande rilevanza, si innestano su un patrimonio più antico: attrezzature come la zappa, la falce, l'aratro a mano, coesistono con macchine come il mulino o il frantoio aziendale e, poi, con le moderne macchine agricole, anche se il loro uso diventa progressivamente più marginale.

L'origine della macinazione è ancora oscura. In Egitto la macinazione era compito della donna di casa la quale sin dal più remoto periodo storico usava macinare i cereali su un frantoio a sella. Bisogna giungere al 1500 a. C. circa prima di sentir parlare di mugnai che macinavano grandi quantità di grano. In un primo tempo questa operazione veniva compiuta stando in ginocchio. Ben presto però il frantoio a sella venne perfezionato per cui, già dall'epoca delle Piramidi, esso veniva sollevato su un basamento leggermente inclinato in avanti, posizione questa che consentiva al mugnaio di usare maggiore forza nell'operazione. La macina aveva sul lato più lontano una coppa in cui si raccoglieva la farina. Prima del periodo ellenistico non furono usate in Egitto macine a rotazione.

In Mesopotamia si conoscevano, oltre al frantoio a sella, diversi altri tipi di macine a mano. Per usi domestici, però, si usò sempre il frantoio a sella del quale si ebbero tre tipi diversi rispettivamente usati per macinare grano, sesamo e datteri. Non sappiamo se le prime macine a mano di cui si parla nei testi, fossero del tipo a rotazione come lo erano certamente dopo il 1000 a. C.. Le macine più grandi, azionate da asini, erano simili a un mulino a cilindri. L'epoca in cui questi mulini rotanti cominciarono ad essere usati deve essere ancora stabilita attraverso un più attento studio dei materiali venuti alla luce dagli scavi. In Palestina il mulino rotante si cominciò ad usare nel periodo ellenistico; prima di allora erano stati usati soltanto il mortaio ed il frantoio a sella. Un mulino rotante, che non aveva alcun manico o piolo sulla pietra superiore, è stato rinvenuto a Gezei: questo particolare suggerisce l'idea che esso venisse azionato in modo oscillatorio e cioè con moto rotatorio discontinuo". (Ch. Singer, Holmyard, Hall, Williams, *Storia della tecnologia,* Torino, Boringhieri, 1965, vol. I°, pag. 278).

fig. 12 - macina a sella (1.600, a. C.).

" Al tempo delle prime civiltà le popolazioni si nutrivano di cereali o di legumi, variando talvolta la dieta con pesce: la carne animale non rientrava nelle possibilità del povero tranne che in speciali occasioni.

La battitura del grano, per liberarlo dalla loppa, e la macinatura, per ottenere la farina, erano operazioni che in antico si effettuavano nell'ambito di ciascun gruppo familiare. Pestelli e mortai furono sostituiti dalla **macina a sella,** usata dalle donne di casa egizie quattromila anni fa.

Il secondo stadio nello sviluppo della macina a mano, diffusa nella Grecia classica, fu il cosiddetto **mulino** a **pressione,** composto da due pietre piatte e scanalate, quella superiore provvista di un incavo a mo' di tramoggia dal quale il grano scendeva attraverso una fessura sulle superfici sottostanti macinanti. Venne poi la macina rotante, una delle prime e più importanti applicazioni del moto rotatorio dopo la ruota del vasaio. Un bastone fissato eccentricamente serviva da manovella per far ruotare la mola superiore, che era perforata nel centro per introdurvi il grano ed era anche dotata d'una speciale sospensione o ponte di legno o di ferro, fissato attraverso al foro centrale, mediante cui il peso della pietra superiore veniva trasmesso a un perno fissato nel mezzo della ruota inferiore. Queste macine a mano rotanti, introdotte in Roma dal vicino Oriente, determinarono il fiorire della classe dei mugnai professionisti, ma la loro diffusione fu dovuta soprattutto al fatto che i soldati romani usavano macinare da sé il proprio grano e ogni gruppo di 10 soldati era provvisto di una macina. I mulini più grandi erano noti come mulini ad asino, dal nome della forza motrice animale; la loro sopravvivenza a Pompei fa pensare che rappresentassero una caratteristica comune della civiltà urbana; furono sostituiti soltanto nel IV° secolo d. C. dai mulini ad acqua"
(Derry e Williams, *op. cit.*, pag. 75 - 76).

In questo periodo l'organizzazione sociale è lineare, fra gruppi di famiglie dello stesso ceppo; gli scambi sono intrafamiliari ed avvengono in natura. I semi sono triturati con un pestello in un mortaio, battendo dall'alto verso il basso: da questa operazione deriverà il termine latino "Pistores" (battitori). Oppure per pressione e sfregamento, con movimento avanti - indietro: un corpo arrotondato impugnato viene fatto scorrere su una lastra leggermente concava fino alla pestatura dei grani e il macinato viene fatto cadere in una ciotola posta davanti alla macina Una statuetta funeraria ritrovata a Saqqara (Egitto) e risalente alla V^ dinastia (2.500 a. C., ca.) mostra una fanciulla ginocchioni intenta a triturare grani, con la macina appoggiata alle ginocchia. I ritrovamenti di Ebla (2.600 - 1.400, a. C.) documentano questo tipo di macinazione: nella "sala macine" del complesso archeologico molte macine a sella erano poste, una di seguito all'altra, su un basamento che circonda una vasca centrale piuttosto ampia. Sembra evidente trattarsi di un mulino a disposizione di una comunità numerosa: il macinato veniva raccolto nella vasca per essere usato o riposto per un utilizzo successivo; la macinazione doveva essere un'attività continuativa necessaria al fabbisogno della città.

I risultati di questa tecnica molitoria forse furono migliori, ma la fatica delle donne o degli schiavi non ne fu alleviata: erano necessari, infatti, due movimenti anziché uno solo: la pressione e lo sfregamento; l'evidente somiglianza ha ispirato la denominazione di *macina a sella*. La posizione era ginocchioni e tale rimase fino a che non venne aggiunto un basamento per poter lavorare in piedi (Siria, Egitto).

Anche la mola celtica, ritrovata negli scavi archeologici di Monte Bibele (BO, III° secolo a. C.) documenta la triturazione dei grani con un movimento oscillatorio orizzontale: nella mola superiore era ricavata una piccola tramoggia, alla base una bocca per distribuire i grani, ed il peso della mola frantumava i grani introdotti. Per catturare i grani la mola doveva essere scabrosa. I quantitativi di macinato erano destinati al consumo familiare ed i risultati dovevano essere scarsi.

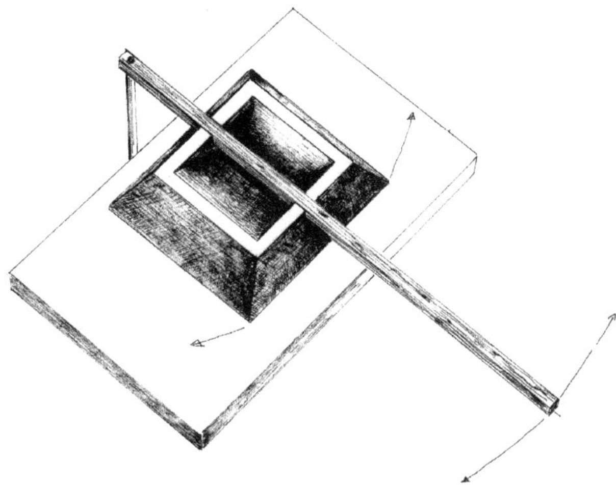

fig. 13 - mola celtica (III° sec. a. C.).

Il passaggio dal movimento di percussione o dai movimenti di pressione e sfregamento ad altri movimenti più efficaci e meno faticosi è difficile da stabilire, quando sia avvenuto e dove, anche se non mancano testimonianze. La ruota del vasaio, già nota ai Sumeri prima del 4.000 a. C., potrebbe aver suggerito di avvicinare le due superfici, il volano ed il piano di lavoro, per ottenere la triturazione di cereali.

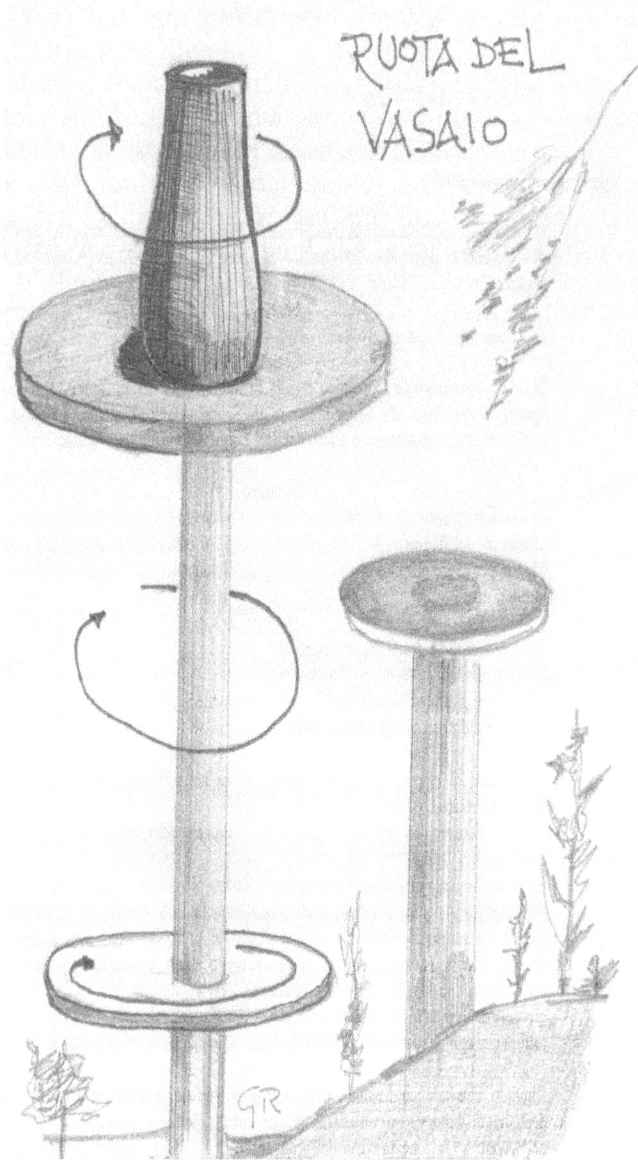

fig. 14 - ruota del vasaio (4.000 a. C.)

Tuttavia la transizione concettuale e pratica dal movimento verticale al movimento orizzontale non può non essere avvenuta attraverso fasi sperimentali. Forse dal frantoio a mano che già era mosso con moto circolare rotatorio si giunse ad appiattire le superfici di molitura: fino alla mola rotante a mano.

fig. 15 - mola a mano.

Il movimento fu certamente meno faticoso: non era più la forza applicata al pestello a triturare i grani ma il peso della mola il cui movimento richiedeva minor fatica e il cui risultato fu certamente un maggior grado di finitura delle farine. Quando e come ciò sia avvenuto è difficile dire ma città molto antiche ne rivelano la presenza.

E' probabile che la nascita della mola a mano avvenga nell'area mediorientale, dove pare aver avuto origine anche la ruota verticale.

Tale livello tecnico dovette protrarsi fino al sorgere delle civiltà orientali e mediorientali (assiro-babilonese, cinese, egizia, greca, ecc).

"I mulini azionati da asini, per esempio, erano utilizzati già nel V° secolo a. C. per frantumare il minerale nelle miniere d'argento del Laurion, e il loro uso si estese alla macinazione del grano in Grecia verso il 300 a. C.. Ma l'insufficienza dei finimenti e dei ferri da cavallo influiva profondamente sul valore economico del cavallo stesso. Un cavallo con buoni finimenti può tirare approssimativamente 15 volte più di un uomo, ma con finimenti di quelli usati per i buoi può tirare solo 4 volte di più. Nello stesso tempo, un cavallo costa, per l'alimentazione, circa 4 volte più di un uomo, che ha sul cavallo il vantaggio di essere più adattabile. Per tali cause non ci fu un forte stimolo a sostituire l'uomo con il cavallo come fonte di energia" (Derry e Williams, *op. cit.,* pag. 289).

fig. 16 - mulino a clessidra (Pompei, 300 a. C.)

Un secondo periodo (3.000 - 1.000, a. C.), interessa le società ad insediamento stabile, in territori definiti politicamente e con organizzazione sociale complessa: il potere politico è ben delineato e la società è ripartita in classi, ceti, gruppi, mestieri. Esiste una economia di scambio sia in natura che in moneta.

A questa fase appartiene il Mulino idrico orizzontale, o greco, o scandinavo o norvegese.

Plinio il Vecchio (Plinio Secondo Gaio, detto il Vecchio, 23-79, d. C.) segnala ruote di mulino sui corsi d'acqua d'ltalia (*Naturalis Historia, XXXVII libri*). T. K. Derry e T. I. Williams (*Tecnologia e civiltà occidentale,* Torino, Boringhieri, 1968) confermano che "*il primo Mulino ad acqua di cui si abbia notizia, è il cosiddetto mulino greco o norvegese*"

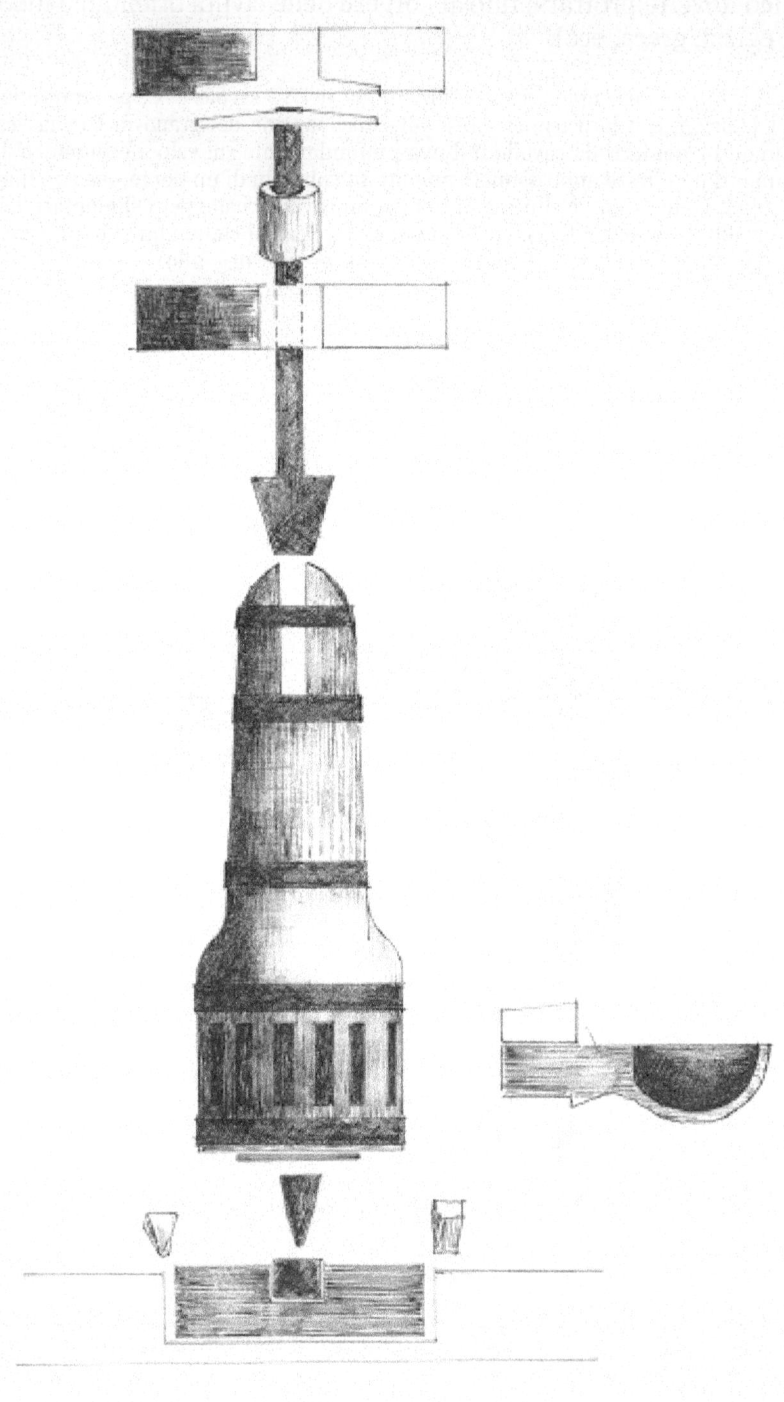

fig. 17 - mulino di tipo greco (II° sec. a. C.)

“Questo differiva dal tipo che ora ci è familiare, per l’asse non orizzontale, ma verticale: nella parte più bassa dell’asse vi erano una serie di pale o palette, che erano immerse nella corrente d’acqua. Tale tipo di mulino venne usato principalmente per macinare il grano: l'asse passava verso l’alto, attraverso la macina inferiore, ed era fissato a quella superiore, che faceva girare. Mulini di questa specie richiedevano una corrente d’acqua rapida ed avevano certamente avuto origine nelle regioni collinose del vicino Oriente; non si ha infatti notizia che siano stati usati in Egitto o in Mesopotamia, dove i fiumi scorrono per la maggior parte lentamente e sono soggetti a grandi rapide e cascate. Plinio attribuisce l’origine dei Mulini ad acqua per la macinazione del grano presumibilmente all’Italia Settentrionale: questi erano probabilmente del tipo scandinavo.

Essi furono largamente usati in Europa durante il medioevo e in alcune regioni quasi alla fine del XIX° secolo; nelle isole Shettland, dove un tempo erano circa 500, nel 1933 ne era rimasto un solo esemplare in funzione a Sandness.

Tali mulini possono essere considerati come i precursori della turbina idraulica, invenzione del XIX° secolo, e sotto questo punto di vista si può dire che siano stati usati senza interruzione per ben più di 3000 anni".
(Derry e Williams, *op. cit.*, pag. 289-90)

" I mulini scandinavi avevano generalmente piccole dimensioni ed erano piuttosto lenti; la macina infatti ruotava alla stessa velocità della ruota. Essi erano adatti a macinare solamente piccole quantità di grano, e il loro uso doveva essere puramente locale. Un tipo di mulino idraulico con asse orizzontale e ruota verticale fu progettato nel I° secolo a. C. da Vitruvio (Pollione). L'ispirazione può essergli venuta dal congegno per sollevare l'acqua conosciuto come " **ruota Persiana"** che consisteva essenzialmente in recipienti per attingere l'acqua disposti lungo la circonferenza d’una ruota, fatta girare da forza umana o animale.

Questa ruota era usata in Egitto nel II° secolo a. C. e deve essere stata ben nota a Vitruvio, che ne descrisse una più efficiente modificazione conosciuta come "**ruota a razze**" che funziona in modo contrario. Progettata per la macinazione del grano, la ruota era collegata alla macina mobile per mezzo di ingranaggi lignei che, generalmente, davano una riduzione di giri di circa 5:1. I primitivi mulini di questo tipo furono azionati dall'acqua che passava sotto la parte inferiore della ruota immersa nel corso d’acqua, e che veniva fatta girare dalla forza della corrente.

Più tardi si trovò che una ruota alimentata dall'alto era più efficiente; infatti l’acqua cadendo sulla parte superiore della ruota, riempie alcune tazze poste lungo la circonferenza; il suo peso fa sì che la ruota giri; in questo modo le tazze riempite scaricano il loro contenuto mentre quelle vuote sono sospinte sotto la sorgente idrica. Benché più efficienti, tali ruote richiedono generalmente un considerevole equipaggiamento sussidiario che fornisca il necessario rifornimento idrico. Comunemente s'arginava il corso d’acqua in modo da formare un bacino, dal quale un canale di scarico portava un flusso d’acqua regolare alla ruota (verticale).

Questo tipo di mulino fornì una sorgente d’energia maggiore di quelle disponibili precedentemente, e non solo rivoluzionò la macinazione del grano, ma aprì la via alla meccanizzazione di molte altre operazioni industriali.

E' difficile calcolare la potenza di tali mulini; essa può, tuttavia, essere approssimativamente dedotta dalla loro produzione. Un mulino romano a Venafro, del tipo di quelli alimentati dal di sotto, con ruota del diametro di circa 2 metri, poteva macinare circa 180 chilogrammi di grano all'ora. Questo lavoro corrisponde, nella moderna valutazione, a circa 3 **cavalli-vapore.** In confronto, un mulino azionato da un asino o da 2 uomini poteva a malapena macinare 4,5 kg/h.

Dal IV° secolo d. C, nell'impero romano furono installati mulini ad acqua di notevoli dimensioni. A Barbegal, vicino ad Arles, per esempio, verso il 310 d. C. venivano usate per la macinazione del grano 16 ruote alimentate per di sopra, che avevano un diametro, alcune di circa 2,70 metri, altre di poco meno di un metro. Ciascuna di esse azionava, attraverso ingranaggi di legno, due macine: la capacità di macinazione complessiva era di tre tonnellate all’ora, sufficiente al fabbisogno di una popolazione di 80.000 abitanti, e poiché la popolazione di Arles a quel tempo non superava i 10.000 abitanti circa, è chiaro che questo mulino serviva una vasta zona.

fig. 18 - mulino greco o scandinavo

E' sorprendente che il mulino di Vitruvio non venisse comunemente usato nell'Impero Romano fino al III° e IV° secolo d. C., ma forse la spiegazione può essere ricercata nelle condizioni sociali. Essendo disponibili gli schiavi e altra manodopera a poco prezzo, vi era scarso incentivo ad accollarsi il necessario impiego di capitali; si dice poi che l'imperatore Vespasiano (69-79, d. C.) si sia opposto all'uso dell'energia idraulica perché questa avrebbe creato disoccupazione.

Nel IV° secolo d. C., però, le circostanze erano radicalmente mutate; data la grande penuria di mano d'opera, la costruzione dei mulini idraulici divenne una questione di pubblica utilità".
(Derry e Williams, *op. cit.*, pagg. 290-293).

M. Bloch, che fa risalire la prima notizia fra il 120 e il 63 a. C. a Cabira, nel Ponto, desumendola da Strabone (*Storico e geografo greco n. Amasia, Ponto, 64-63 a. C.; m. 24 d. C., circa),* sostiene che:

"L'origine mediterranea, che siamo condotti a riconoscere a questo considerevole perfezionamento tecnico, non mancherà certo, a prima vista, di apparire sorprendente. L'irregolarità di deflusso propria ai corsi d'acqua di questo clima non sembra infatti predestinarli alla funzione di forza motrice. Certo essi non sono sottoposti, in compenso, al gelo invernale e al conseguente trasporto di pezzi di ghiaccio che, sotto cieli più settentrionali, quando l'uso del

mulino vi fu divenuto quasi generale, dovevano tanto spesso disturbare l'approvvigionamento di farine... il tutto ci riconduce ad un periodo strettamente determinato, l'ultimo secolo prima dell'era cristiana e, secondo ogni apparenza, all'Oriente mediterraneo, come alla culla dell'invenzione".
(M. Bloch, *Avvento e conquiste del mulino ad acqua*, in *Lavoro e Tecnica nel medioevo*, Bari, Laterza, pag. 73 sg.)

Nello stesso tempo, fra i latini Vitruvio (Vitruvio Pollione, I° sec. a. C., *De Architectura, X* libri) descrive in dettaglio il mulino ad acqua, mosso da una ruota verticale

" Fiunt etiam in fluminibus rotae de eisdem rationibus quibus supra scriptum est. Circa earum frontes adfinguntur pinnae quae, cum percutiuntur ab impetu fluminis cogunt progredientes versari rotam et ita modiolis haurientes et in summum referentes sine operarum calcaturo ipsius fluminis impulsu versate praestant quod opus est ad usum. Eadem ratione etiam versantur hydraulae in quibus eadem sunt omnia praeterquam in imo capite axis tympanum dentatum est inclusum. Id autem ad perpendiculum conlocatum in cultum versatur cum rota pariter. Secundum id tympanum maius minus item dentatumplanum est conlocatum, quo continetur ita dentes tympani eius, quod est in axe inclusum, impellendo dentes tympani planicogunt fieri molarum circinationem In qua machina impendens infundibulum subministrat molis frumentum et eadem versatione subigitur farina

Anche sui fiumi vi sono ruote dello stesso tipo di cui si è detto sopra. Sulle loro corone sono infisse delle palette che, colpite dalla forza della corrente, avanzando fanno girare la ruota, così pure attingendo acqua con recipienti e portandoli verso l'alto, senza spinta d'alcuno ma con la sola forza dell'acqua forniscono il necessario al lavoro. Con lo stesso principio girano ruote idrauliche del tutto simili eccetto che all'estremo dell'asse è fissato un timpano dentato. Questi, posto in verticale, a mo' di coltro gira contemporaneamente alla ruota. In rapporto a questo timpano più grande è posto in posizione orizzontale un timpano più piccolo in cui s'ingranano i denti del timpano fissato all'asse; talché con la loro spinta i denti determinano la circolazione orizzontale delle mole. In questa macchina una tramoggia sospesa somministra alle mole il frumento e per mezzo della rotazione la farina esce.

A questa fase va ricondotto il mulino idraulico verticale, più noto come mulino vitruviano.

Il mulino mosso dagli schiavi o dagli animali domestici è ancora catalogabile fra gli attrezzi, sia pure in qualche caso di notevoli dimensioni e peso. Ma nel momento in cui la forza animale viene sostituita da una forza meccanica, acqua o vento, l'attrezzo si trasforma in macchina, e la macchina viene inserita in una struttura. Si è in presenza di un notevole balzo tecnologico, con implicazioni economiche di grande rilevanza: la resa aumenta, a fronte di un risparmio considerevole della forza umana o animale, la collocazione aziendale diventa insufficiente e lungo il corso superiore dei torrenti o dei fiumi nascono molini e altri opifici mossi dall'acqua, gli investimenti diventano più cospicui per la struttura e per le opere di regimazione ma il lavoro ora può essere svolto con continuità anche di notte, dando in tal modo all'attività le caratteristiche di azienda protoindustriale autonoma dai produttori. Il mulino idraulico è, in questo senso, forse il primo motore nella storia.

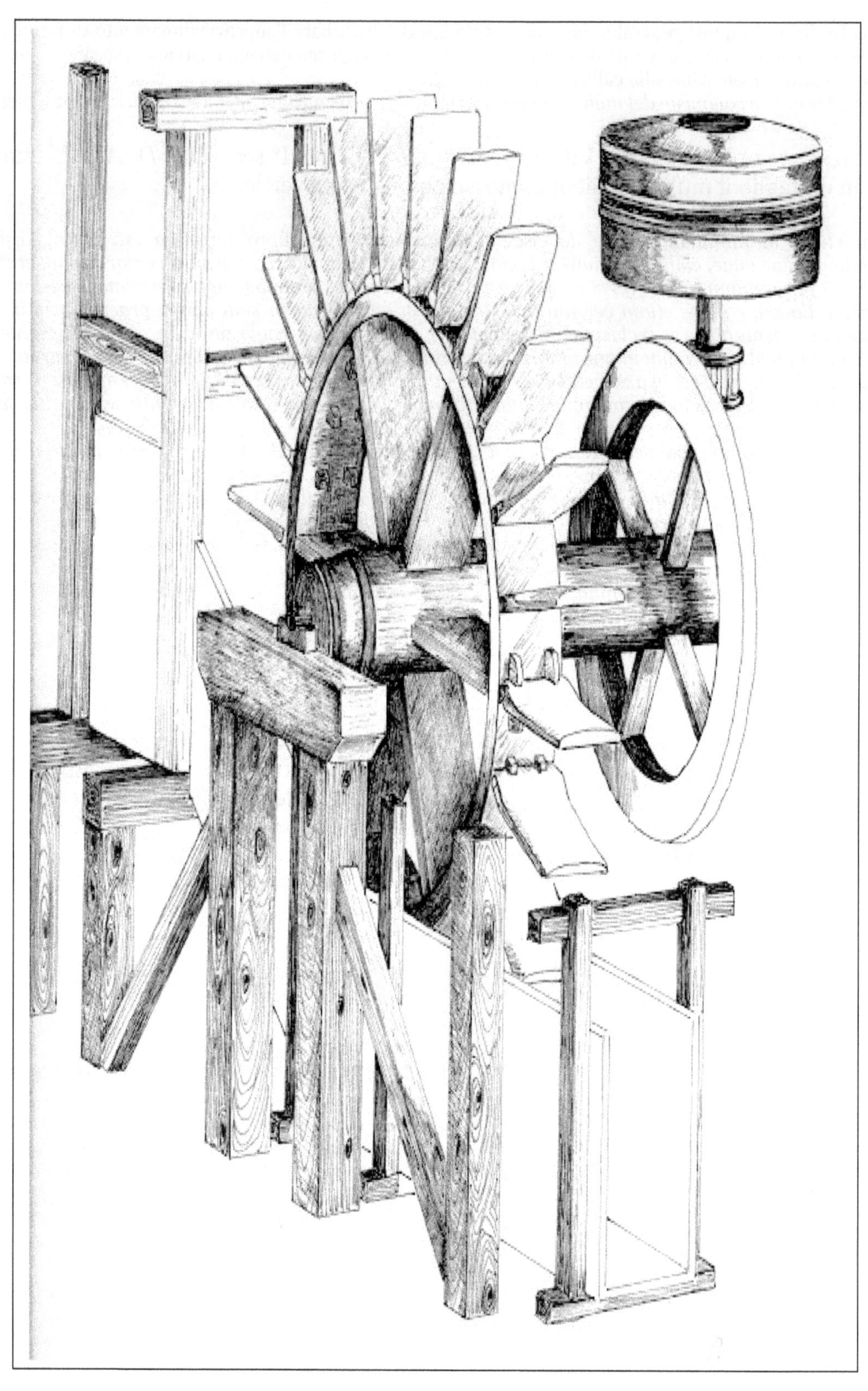

fig. 19 – mulino vitruviano

Quando l'architetto Vitruvio applica la ruota verticale al mulino per la prima volta utilizza un rapporto moltiplicatore che sarà, nella storia della tecnica, largamente utilizzato: la resa si quintuplica a fronte di una struttura più semplice e ad una meccanica più resistente; la collocazione diviene più duttile, l'opificio può essere collocato in un qualsiasi punto di un corso d'acqua fino alla foce e, se prende acqua da sopra, può funzionare con quantitativi anche modesti.

Tuttavia, come spesso avviene, l'applicazione di Vitruvio fu applicata solo 400-500 anni dopo, nonostante la sua utilità fosse evidente.

"Ci sfugge la ragione per cui i Romani rivelarono poca inventiva in fatto di meccanica... Per la verità i reperti archeologici ci provano che si fece uso limitato di alcune macchine per risparmiare il lavoro umano, come il mulino ad acqua, e che ci fu anche una certa concentrazione industriale in fabbriche imperiali addette alla produzione di armi e tessuti". (K. Derry e T. I. Williams, *op. cit.*, pag. 36).

Probabilmente, le condizioni sociali, economiche, politiche non erano ancora mature. Nel corso della storia la industrializzazione di tecniche ha sempre trovato ostacoli: il timore che le macchine rubassero il lavoro agli uomini portò a vere e proprie rivolte.

" In ogni epoca storica molti fattori, come i materiali disponibili, l'abilità, e l'esperienza degli artigiani, le condizioni, economiche e sociali, le credenze religiose o le leggi etiche, e perfino le dottrine filosofiche, contribuiscono a determinare !a natura della tecnologia

L'introduzione di un nuovo motore primario rende generalmente disponibile l'energia in forma più concentrata e consente un nuovo livello di produzione. Da questo punto di vista si possono considerare cinque stadi nella storia della tecnologia.

Nel **primo stadio** gli uomini usavano la sola forza muscolare. Durante la rivoluzione neolitica l'addomesticamento degli animali accrebbe la potenza disponibile per la trazione, senza però aumentare il livello di produzione dell'energia. Nemmeno l'uso del cavallo e del dromedario nel secondo millennio a. C. servì a modificare questa situazione.

Il **secondo stadio** è perciò importante per questo aumento della potenza complessiva dell'uomo e dell'animale, piuttosto che per un livello più elevato o più concentrato di produzione dell'energia. Tuttavia i risultati si manifestano nella maggiore varietà e nel maggior numero di utensili prodotti dal tempo degli antichi imperi in poi.

Il **terzo stadio** si apre negli ultimi anni dell'Impero Romano, con l'introduzione del mulino idraulico.

Nella sua primissima forma, il mulino scandinavo implica anch'esso soltanto un cambiamento dell'origine della potenza motrice, dai muscoli animali ad una macchina azionata dall'acqua corrente, piuttosto che un nuovo livello di produzione dell'energia. Le macine, in precedenza manovrate da due schiavi, e i mulini azionati da un somaro venivano infatti mossi in tal modo da un sistema idrico primitivo, capace di fornire una potenza all'incirca dello stesso ordine di grandezza (che si aggirava intorno a 0,5 cavalli-vapore).

Questa macchina aumentava l'energia totale disponibile, ma non forniva una maggiore potenza unitaria. Quando però gli ingegneri romani trasformarono questo mulino primordiale nel mulino vitruviano essi crearono un motore primario che, anche nella sua forma primitiva, forniva circa 3 cavalli-vapore. Per vari motivi questo mulino idraulico non entrò nell'uso generale nel mondo mediterraneo. L'Europa occidentale ne comprese la grande importanza solo all'inizio del Medioevo, e il suo rapido sviluppo tecnico e la sua diffusione misero allora nelle mani dell'umanità un motore primario capace di fornire 40-60 cavalli-vapore. Il mulino ad acqua ed il mulino a vento dominarono la tecnologia fino alla fine del diciottesimo secolo, e la loro capacità di fornire energia ebbe influenza determinante sui macchinari, sui procedimenti, e sui prodotti di quel periodo.

Il **quarto stadio** ebbe inizio con la macchina a vapore, che nel 1850 era diventata un motore primario capace di fornire un'energia maggiore di quella del mulino ad acqua o del mulino a vento. Attualmente ci troviamo sull'orlo di un imprevedibile **quinto stadio**, quello dell'energia atomica".

(R. J. Forbes, *Energia motrice*, in *Storia della tecnologia*, Torino, Boringhieri, Vol. II°, pag. 509).

Convenienza economica, investimenti e resa dell'opificio, aumento della domanda, mancanza di schiavi, costo dei servitori e scarsità degli stessi, devono aver spinto poi a riscoprire e a costruire il mulino vitruviano.

Alle soglie del XIV° secolo, con lo sviluppo delle attività tessili che avranno un rapporto quasi diretto con la produzione lanaria di collina e montagna e con l'aumento delle produzioni cerealicole, i mulini nasceranno anche lungo i torrenti dell'appennino ma sarà di tipo orizzontale a prevalere su quello verticale, tipico delle zone dove la produzione e il commercio di cereali è molto elevata e dove la viabilità e i mezzi di trasporto hanno minori difficoltà.

Sostiene Le Goff, che solo in epoca medievale il mulino idraulico trova terreno favorevole per un nuovo sviluppo ma non è esatto, sulla base delle rilevazioni *in situ,* che il mulino orizzontale sia una tecnica più arretrata e perciò sia presente nelle zone meno progredite. Invece, come spesso succede, l'uomo sa adattare ai bisogni, alle proprie dimensioni economiche attrezzature e macchinari ed evita, in genere, surplus di tecnologia che metterebbe in discussione il bilancio dell'azienda. La conoscenza di tecniche e tecnologia più produttive non induce a trascurare le realtà economiche e sociali in cui si opera. Contribuiscono alla scelta dei mezzi di produzione condizioni fisiche, idrografiche, economico-sociali, qualità e quantità delle produzioni agricole, trasporti e viabilità che influiscono sulla presenza di un opificio, ne determinano la grandezza, la capacità produttiva, e la sfera d'influenza.

" I mulini di questo tipo sono menzionati per la prima volta in una poesia di un certo Antipatro di Tessalonica (I° secolo A. C.), che suona così:

"Smettete di macinare, o donne che lavorate al mulino;
dormite fino a tardi anche se il canto del gallo annuncia l'alba.
Poiché Demetra ha ordinato alle ninfe di eseguire il lavoro che facevate,
con le vostre mani, ed esse, saltando giù dalla sommità della ruota
fanno girare l'assale che, con le sue razze rotanti,
fa girare le pesanti macine concave di Nisiria".

Strabone (+ 21 d. C.) ci parla del mulino idraulico di Cabeira nel Ponto fatto costruire da Mitridate vicino al suo nuovo palazzo nel 65 A. C..

Il mulino idraulico più rudimentale è rappresentato dal tipo greco, spesso denominato scandinavo, dove un albero verticale o un assale porta alla estremità inferiore una piccola "ruota" orizzontale composta di un certo numero di pale. L'albero passa attraverso la macina inferiore ed è fissato alla macina superiore mediante una barra trasversale attraverso l'apertura ad "occhio" della macina. Questo tipo è anche denominato mulino idraulico orizzontale. Per funzionare bene esso ha bisogno di una doccia, ma può fare a meno di un bottaccio e di altri mezzi atti a regolare la fornitura d'acqua, come succede per i tipi posteriori. Non conosciamo l'origine di questo semplice mulino idraulico, che era essenzialmente caratteristico di una società agricola. Esso era limitato alle regioni montane e forniva prestazioni migliori se dotato di una doccia e di una tramoggia. Il suo basso rendimento lo rendeva inadatto alla produzione commerciale della farina, e ciascun mulino serviva alle esigenze di un singolo contadino.

Le pietre erano piccole e giravano lentamente compiendo l'intera rotazione una volta per ogni giro della ruota idraulica, per cui non riuscivano a macinare che modeste quantità di grano.

Il mulino scandinavo ebbe probabilmente origine nelle zone montuose del Vicino Oriente, donde si diffuse a occidente e a oriente". (J. Forbes, *op. cit.*, pag. 603)

Mentre infatti in altre zone della penisola si era già introdotta la produzione intensiva e le rese agricole erano aumentate contestualmente all'aumento del fabbisogno alimentare, in montagna permaneva un regime agrario di scarsa resa dei terreni ed un regime di limitati scambi commerciali.

Anche secondo M. Bloch il mulino a ruota orizzontale sarebbe un residuo anomalo nel processo di modernizzazione della tecnica molitoria.

" Fino ad un'epoca molto vicino a noi, si sono potuti vedere in attività, in regioni diverse, ma nelle quali, in generale, l'attrezzatura tecnica aveva un carattere alquanto primitivo, dei mulini a ruota orizzontale; la quale ruota collocata a filo d'acqua, azionava tramite un semplice asse la macina girevole posta immediatamente sopra di essa. L'esistenza di questo tipo di mulino, singolarmente rudimentale, non può non porre dei problemi seri. Disseminato - così sembra - da un capo all'altro del nostro mondo, in contrade tanto lontane tra loro quali la Siria, la Romania, la Norvegia e le Shetland, la sua invenzione non sembra poter essere attribuita a una civiltà ben determinata
(cfr. *The History of Corn Milling*, di Bennet e Elton).

D'altra parte esso è totalmente differente dal meccanismo che ci fanno conoscere i più chiari fra i testi antichi, come Vitruvio. Tanto che siamo indotti a chiederci se questo tipo non ci offra, semplicemente, l'esempio di un regresso tecnico, quale ha potuto manifestarsi presso popolazioni abituate a una vita materiale assai primitiva; imitare l'impiego di una forza che tutti conoscevano, come quella dell'acqua, doveva apparire più semplice che riprodurre dei sistemi già più complessi". Bloch, *op. cit.*, pag. 82)

Ricerche e storie locali, sempre più numerose, evidenziano invece un'altra realtà: lo sviluppo e, soprattutto, l'applicazione di una tecnica alla produzione va di pari passo con le condizioni generali che "postulano" tecnologia. Tale sviluppo non è omogeneo e, dunque, non omogenea risulta l'esigenza di ammodernamento o di sviluppo dei mezzi tecnici. Difficilmente si spiegherebbe perché, ancora oggi, accanto ai più moderni ritrovati della tecnica continuino a permanere strumenti, attrezzi che per secoli sono stati l'unica dotazione della produzione: zappa, vanga, aratro a mano, carriola, ecc. Se ne è ridotto l'uso, per l'avvento di tecniche più produttive, ma restano ancora "oasi" dove sovradimensionato sarebbe l'utilizzo di macchinari moderni in carenza delle condizioni strutturali adatte all'inserimento di tecnologie più efficienti ma anche più costose. Per queste ragioni la permanenza di tecnica più semplice e meno costosa.

E' tesi diffusa che il mulino idraulico conobbe il proprio rilancio fra l'XI° e il XIII° secolo, periodo in cui riprende lena lo sviluppo economico della Penisola, dopo i secoli bui che vanno dal V° fino al X°.

Nuove condizioni economiche e sociali postulano nuovi apporti di tecnologia. Una situazione di graduale, estremo decadimento delle campagne e dell'agricoltura dal Sacco di Roma (410 d. C.) ad opera dei Visigoti fino alla soglia dell'anno mille ha influito in misura rilevante al restringimento delle terre coltivate nei territori esposti alle scorrerie barbariche, e al decadimento della attrezzatura.

" nei disordini dei primi tempi, soprattutto nel decennio dell'anarchia ducale (alla morte di Alboino, 574), la ricerca del bottino produsse la distruzione pressoché totale di tutta l'aristocrazia fondiaria, grande e minore: i signori si rifugiarono nelle terre bizantine più prossime o perirono negli eccidi... i grandi proprietari romani di rango senatorio o di tradizione provinciale scomparvero...

Dunque lo sconvolgimento delle condizioni del possesso alla fine del VI° secolo fu più vasto e radicale di quanto l'annientamento dell'aristocrazia romana già facesse supporre. Non fu probabilmente uniforme in tutte le regioni longobarde d'Italia, poiché l'insediamento del nuovo popolo non ebbe ovunque la medesima intensità: che fu massima nell'attuale Lombardia... ma in ogni caso i Longobardi ridussero la popolazione romana ai margini del potere sociale, considerato in tutti i suoi gradi: la identificarono per massima parte con la classe dei coloni, numericamente preponderante già nelle età precedenti"

(G. Tabacco, *La rottura longobarda nella storia d'Italia*, Torino, Einaudi, 1974, vol. I°, pag. 59-61, passim)

" Tra le rovine della grandi città, soltanto gruppi sparsi di povere popolazioni, testimoni delle calamità passate, attestano ancora per noi i nomi di un tempo - scrive Orosio all'inizio del V° secolo... Senza dubbio le città erano una preda che faceva gola con l'allettamento delle ricchezze accumulate...

Ma se non hanno potuto superare la prova, lo devono al fatto che l'evoluzione allontanava da loro la popolazione esistente. E questa fuga dei cittadini era una pura conseguenza della fuga delle derrate, che non venivano più ad alimentare il mercato urbano... la necessità di nutrirsi spiega prima di ogni cosa la fuga del ricco nelle sue terre, l'esodo dei poveri. nei poderi dei ricchi...

L'inesistenza di un qualsiasi sistema di scambi fa aumentare di molto la fame ed è la fame che spinge le masse verso la campagna e le sottomette ai fornitori di pane, i grandi proprietari".

" per tutto l'Alto Medioevo la menzione di terre a coltura riabbandonate al bosco o alla palude resta prevalente nei cartulari e nei codici diplomatici, dai quali risulta impressionante l'estensione dei territori incolti, boschivi e acquitrinosi "

(E. Sereni, *Storia del paesaggio agrario italiano,* Bari, Laterza, 1989, pag. 82).

L'urto delle invasioni barbariche, che dopo il Sacco di Roma riprende con i longobardi (568-774), spazza via la nobiltà senatoria romana, frammenta il latifondo, sconvolge l'assetto agrario soprattutto delle città e delle pianure.

" Se si può individuare nelle crisi del mondo romano del III° secolo l'inizio dello sconvolgimento da cui nascerà l'Occidente medievale, è legittimo considerare le invasioni barbariche del V° secolo come l'avvenimento che fa precipitare le trasformazioni in atto, dando loro un andamento catastrofico e modificandone profondamente l'aspetto. Già l'invasione degli Alamanni, nel 276, "lascia piaghe mal cicatrizzate: campagne devastate, città distrutte; fa precipitare l'evoluzione economica (causando il declino dell'agricoltura e il ripiegamento sulle città), la recessione demografica e le trasformazioni sociali. I contadini sono costretti a mettersi sotto il patrocinio sempre più pesante dei grandi proprietari, che divengono anche capi di bande armate; la situazione del colono si avvicina a quella dallo schiavo... La verità è che i barbari hanno beneficiato della complicità, attiva o passiva, delle masse della popolazione romana. La struttura sociale dell'impero, dove gli strati popolari erano schiacciati sempre più da una minoranza di ricchi e di potenti, spiega il successo delle invasioni barbariche... i. poveri sono spogliati, le vedove gemono, gli orfani sono calpestati, a tal punto che molti di loro, comprese le persone di famiglia agiata e con un'educazione superiore, cercano rifugio presso i nemici. Per non perire sotto la pubblica persecuzione, vanno a cercare fra i barbari... preferiscono vivere liberi sotto un'apparenza di schiavitù, piuttosto che essere schiavi sotto un'apparenza di libertà..." (Tabacco, *Storia d'Italia*, Torino, Einaudi, vol. I°, pag. 59-61, passim).

Sostiene Philip Jones:

" il periodo dal V° al X° secolo fu inaugurato da un'epoca di abbandono e di spopolamento che non ha l'eguale nella storia; a lungo fu d'altra parte impossibile ogni miglioramento, ostacolato dalle invasioni ricorrenti, dalle guerre e dai disordini. La produzione scese a livelli miserabili e la ricchezza si concentrò in poche mani, i commerci persero ogni vigore, la domanda e l'offerta di moneta si contrassero, il baratto dominò negli scambi..., vaste aree tornarono alla foresta e alla macchia;... ulteriori contributi all'aggravamento dei danni arrecati dalle alluvioni furono dati dal deterioramento delle antiche opere di scolo e arginamento. La grande maggioranza di una popolazione divenuta più esigua lavorava essa stessa la
terra, divenuta strumento di potere politico non meno che economico e fonte quasi esclusiva di sostentamento, reddito e ricchezza"
(*Storia economica di Cambridge*, Torino, Einaudi, 1976, vol. I°, pag. 416).

Le zone coltivate, quelle esposte alle scorrerie degli invasori, furono abbandonate dalle popolazioni che cercarono rifugio in altre terre, all'ombra dei nuovi signori e padroni di castelli. Ma le produzioni agricole che ridisegnarono il paesaggio agrario, non potevano scomparire: da esse dipendeva la sopravvivenza di una popolazione, che per quanto falcidiata da guerre, pestilenze, carestie continuava ad avere bisogno dei prodotti della terra.

" Per tutto l'Alto Medioevo ed oltre... il paesaggio italiano resta dominato - pur dove è segnato da presenze umane - da attività del tipo silvo-pastorale, come quelle della caccia e dell'allevamento appropriata e ridotti a coltura, non manca mai, nella loro descrizione, la formula " cum cultis et incultis": a parte il loro frequente isolamento tra grandi distese di boschi e di paludi, in effetti, di questi stessi fondi a coltura i terreni incolti - sterpati e pascoli, boschi e acquitrini - costituiscono generalmente di gran lunga la maggior parte". (E. Sereni, *op. cit.*,pag. 85)

" Tra l'VIII° e il X° secolo - **ancora E. Sereni** - i processi di disgregazione del paesaggio agrario e di separazione delle città dalla campagna, che con alterne vicende e non senza tendenze contrastanti abbiamo visto svilupparsi per l'Alto Medioevo, raggiungono il loro punto culminante. Già nell'Vlll° secolo, nella maggior parte delle città italiane, le antiche mura romane erano andate in completa rovina, senza che più bastassero le forze a ripararle; il moltiplicarsi, nelle campagne, dei castra e dei borghi fortificati, che tendevano a divenire centri economicamente e politicamente autonomi, allenta sempre più gravemente i rapporti fra le campagne e le città: molte delle quali, attorno al IX° secolo, assumono d'altronde esse stesse un aspetto rurale .

" Benché, salvo poche eccezioni le città romane fossero sfuggite alla rovina totale, la loro decadenza era ancora più accentuata di quella delle campagne. L'intero perimetro di vigneti, frutteti e giardini che aveva circondato un tempo la città romana si restrinse agli esigui limiti delle cinte murarie; anche i maggiori centri vennero invasi dai campi coltivati, dai pascoli e dagli incolti, e molte località che continuavano per abitudine ad essere chiamate *urbes* e *civitates* meritavano a stento la loro qualifica: sopravvivevano essenzialmente quali centri di governo provinciale e diocesano, e la società che ospitavano era composta in ampia misura dai proprietari fondiari, chierici e funzionari che provvedevano ai loro bisogni fondamentali grazie alle terre che possedevano "tam in civitate quam extra civitate" (Philip Jones, *op. cit., pag.* 416).

E' nei fatti e nei documenti che la fuga delle popolazioni agricole per sottrarsi a scorrerie e devastazioni barbariche portò terreni produttivi e coltivati di pianura al disordine idraulico, impaludamenti e dissesto diffuso, ma nei territori di nuovo insediamento le popolazioni adottarono e adattarono la strumentazione tecnica nota. Non si trattò di un regresso della tecnica quanto di una rielaborazione delle stesse in funzione dei nuovi terreni, meno fertili delle aree abbandonate. Queste migrazioni verso luoghi al riparo dalle scorrerie, come le colline e le montagne resero inevitabile lo sfruttamento agricolo di terreni boscati, sodi o vergini.

" Le piccole unità agricole del periodo feudale si interpongono tra la grande impresa rurale dell'antichità, basata sulla schiavitù e perpetuatasi, in forma modificata, nei vasti dominici signorili dell'età carolingia, e le grandi aziende capitalistiche dell'età moderna. Una volta corrisposto quanto dovuto al signore, i conduttori di queste piccole aziende dipendenti miravano anzitutto a garantire il sostentamento delle loro famiglie; ma non va dimenticato che i loro sforzi e le capacità produttive delle loro aziende bastarono altresì per animare il grande movimento di dissodamenti e bonifiche culminato nel corso del Xll° secolo. L'evoluzione delle tecniche agricole medievali che rese possibili tali cambiamenti può essere suddivisa in tre fasi principali:
1) Dal V° al X° secolo l'introduzione di tutta una serie di innovazioni tecniche, di maggiore o minore portata, e la diffusione di altre già note in epoca romana ma sino ad allora adottate solo in ambiti limitati, aumentò la produttività delle piccole unità fino a conferire loro una certa superiorità economica nei confronti delle grandi tenute coltivate con il ricorso al lavoro forzato. Tra queste innovazioni vanno menzionate l'aratro a ruote, i finimenti moderni, il correggiato, il mulino ad acqua, il perfezionamento dei metodi di erpicatura reso possibile dall'uso del cavallo per il tiro, la diffusione di colture meno esigenti come la segale e l'avena, e i primi tentativi di rotazione triennale. Attrezzi

semplicissimi come la zappa e il correggiato comportarono per quanti ebbero a utilizzarli vantaggi notevolissimi, ed acquistarono considerevole importanza economica per la loro vastissima e capillare diffusione e per la potenziale durata d'uso nel corso dell'anno"
(Charles Perain, *Storia Economica di Cambridge*, Torino, Einaudi, 1976, Vol. I°, pag. 156, *L'evoluzione delle tecniche agricole).*

Un potere politico frantumato e polverizzato tenta di riprendere forma con la dominazione longobarda, particolarmente nell'ultimo periodo quando, stabilizzati gli insediamenti, alcuni re tenteranno di sostituire al vecchio ordine romano un nuovo ordine longobardo.

Radicatisi nelle nuove terre, cercheranno di darsi una unità statale e persino un Codice di Leggi (*Edictum regis Rotarii*), tentando di far convivere la *gens romana* che vuole seguire la *lex romana* con la gente longobarda che deve seguire invece la *lex longobardorum*.

Ma come tutte le eterogenee popolazioni che saccheggeranno la Penisola, anche i Longobardi non avranno alcuna possibilità di costituire un regno; tribù eterogenee, diversità di costumi, totale autonomia di ogni capo, estraneità al concetto di "impero" o "stato" impediranno l'emergere della personalità carismatica in grado di unificare nelle proprie mani il potere politico e quello militare. Assetati di terre, abbacinati dalle ricchezze facili delle città, non si assoggetteranno mai in via definitiva ad un comando unico. Come tutte le orde barbariche catapultate verso l'Italia dalle pressioni a tergo di altre popolazioni, dilagano nelle pianure e verso i primi contrafforti montani, si impadroniscono delle città, ma sostanzialmente non si avventurano sulle montagne, se non quelle in prossimità dei passi e lungo le vallate che a questi conducono.

I Franchi, la cui esperienza di Governo si è consolidata in Francia, conquisteranno senza fatica le loro roccheforti, ed il loro ultimo re, Desiderio, fatto prigioniero finirà i suoi giorni in Francia.

Con la venuta in Italia di Carlo Magno (774) il ciclo longobardo si chiude e si avvia la dominazione carolingia. Nasce una nuova aristocrazia, di origine militare, che darà luogo a vasti possedimenti nobiliari costituiti con l'oppressione e la cacciata dei piccoli proprietari .

" Senza che, certo, scomparisse la piccola proprietà, questa ricevette un duro colpo durante il periodo della dominazione carolingia in Italia. Si andavano formando grosse aziende fondiarie, con parecchie decine di dipendenti, contadini obbligati normalmente all'espletamento delle corvées in cui si materializzava la loro situazione di uomini legati e soggetti ad altri uomini, che col tempo acquistavano il diritto di rappresentarli di fronte allo stato. E' un fenomeno di vaste proporzioni, di eclissamento della libertà per molti, di allineamento delle loro condizioni a quelle dei vecchi coloni servili, mentre questi ultimi guadagnavano nell'adeguazione a uomini che un tempo erano liberi proprietari. Si verifica, dunque, uno schiacciamento alla base della società, l'appiattimento progressivo, l'omologazione economica e sociale di quanti erano già o verranno a trovarsi nei ranghi dei contadini dipendenti"
(Fumagalli, *L'Italia centrosettentrionale*, in *Storia della Società Italiana*, Milano,Teti, 1984, vol. V°, pag. 128-129).

I nuovi possessori, che devono le loro fortune alla lontananza e all'assenza del potere centrale, si trasformano ben presto in re, detentori incontestati di un potere assoluto nei propri possedimenti, ove amministrano la giustizia, impongono e prelevano tasse. Con l'avvento della dominazione carolingia

"l'aristocrazia militare franca che occupò la penisola, invece, ingigantì le premesse che già vi erano nella direzione dell'ingrandimento dell'azienda nobiliare, nella sua consistenza singola, e nella massiccia diffusione della stesse. Ciò avvenne, fra l'altro, mediante una pressione, spesso violenta, esercitata sui piccoli proprietari, affinché questi cedessero i loro fondi, per riaverli in affitto, trasformandosi così in coltivatori dipendenti, perdendo la libertà di fatto, in un primo tempo, in seguito anche giuridicamente.
...tuttavia, nonostante l'allargarsi della grande proprietà e lo sfaldarsi di grosse comunità di villaggio scompaginate dalla prima, restano numerosi medi e piccoli possessori...
Il processo di formazione di un ceto aristocratico nelle cui mani confluivano via via le responsabilità del potere, era contemporaneo alla costituzione di grandi proprietà fondiarie, cosicché coloro che guidavano la vita politica erano anche i maggiori possessori.
...Dai piccoli proprietari a contadini dipendenti, da uomini liberi a uomini di fatto in condizioni servili: questa è la parabola sociale discendente di una gran folla di persone.
(Fumagalli, *op. cit.*,Vol. 5, pag. 128.)

Cinque secoli di caos ridisegnarono la geografia politica e l'assetto agrario della Penisola. In questo periodo, nella decadenza e nel disfacimento dell'impero carolingio,

"La chiesa persegue soprattutto il proprio interesse, senza preoccuparsi del diritto degli stati barbarici più di quanto non avesse fatto per l'impero romano. Accumula con donazioni strappate ai re e ai potenti, perfino ai più umili, terre, proventi, esenzioni e, in un mondo in cui l'accumulo di ricchezze rende sempre sterile la vita economica, arreca alla produzione un danno sensibile. I vescovi, appartenenti quasi tutti all'aristocrazia dei grandi proprietari, sono onnipotenti nelle loro città e nelle circoscrizioni episcopali, e cercano di esserlo anche nel regno".

Alla morte di Carlo Magno (814), il potere carolingio in preda alle lotte per la successione, risultò troppo lontano dalle vicende italiane. Le tendenze al latifondo, già presenti sotto il dominio longobardo, si consolidarono. Protagonisti furono conti, duchi, vassalli che si erano sempre astenuti da conflitti con il potere politico centrale e con la Chiesa, e quest'ultima divenuta ora, ad opera soprattutto di alcuni vescovi, detentrice di una indiscussa autorità morale che conferiva ad essa vieppiù potere politico, sociale ed amministrativo. E questo nuovo ruolo, questo potere di rappresentanza si tradusse in un allargamento di possedimenti, in alcuni casi veramente eccezionale.

"...Nel complesso gioco fra vescovi, conti o duchi e monasteri, nell'alto medioevo, almeno sino a tutto il X° secolo, in molte parti del regno furono questi ad avere la meglio, riuscendo a costruire immense proprietà fondiarie, gettando le basi di un futuro potere signorile concorrenziale con quello dei vescovi e della nobiltà nel X° e XI° secolo "

Un processo innegabile, ormai, anche se non uniforme e non privo di oscillazioni, investì tutta l'Italia conquistata dai Franchi. Si tratta di un progressivo fenomeno di aristocratizzazione sociale, che sospingeva via via negli strati più alti delle classi il potere politico, oltre che la ricchezza economica, la cultura stessa. Senza dubbio esistevano, già prima forme di aggregazione del potere attorno a singoli uomini, grandi proprietari terrieri, normalmente. Ma si era ancora ad uno stadio di contenzione, tutto sommato di relativa presenza, di fronte ad una realtà di larga partecipazione al potere dei cosiddetti "liberi uomini", gli arimanni dell'età longobarda, medi e piccoli proprietari della terra, mercanti anche. La grande proprietà fondiaria, durante la dominazione dei re longobardi, non era ancora un modello molto diffuso di organizzazione agraria e nemmeno, caso per caso, toccava le dimensioni che avrebbe invece raggiunto in seguito, eccezion fatta per i possessi dei re e dei duchi, oltre a quelli che alcuni enti ecclesiastici, di pochi laici non dotati di funzioni pubbliche.

(V. Fumagalli, *L'Italia centrosettentrionale,* in *Storia della Società Italiana*, Milano, Teti, 1984, Vol. V°, pag. 125-126).

Monasteri e abbazie benedettine, cistercensi, vallombrosane in particolare, divennero luoghi di conservazione di beni letterari e artistici che altrimenti sarebbero andati inesorabilmente perduti.

" Nel caso dei monasteri, ci troviamo spesso di fronte a notevoli concentrazioni di molini: Nonantola, vide susseguirsi in un ventennio circa, dagli inizi del IX° secolo, più di 800 monaci, nella sede principale e nelle celle dipendenti, ne abbiamo la lista conservata nel "Libro delle preghiere" del monastero di Reichenau: i monasteri solevano scambiarsi reciprocamente gli elenchi dei confratelli, L'alto numero degli uomini residenti nei monasteri, in espansione per tutto il IX° secolo, esigeva un uso massiccio delle terre incolte, per tante destinazioni: qui sta, il punto, per capire quale limite si ponesse alla funzione delle foreste, loro sottratte, da parte degli uomini dei villaggi. Ma soprattutto, la sottrazione di tali aree intaccava la solidarietà contadina o, a seconda dei casi, la faceva dissolvere, togliendo ad essa l'oggetto di un'amministrazione comune "

(V. Fumagalli, *L'Italia centrosettentrionale,* in *Storia della Società Italiana*, Milano,Teti, 1984, vol. 5, pag. 128).

Lo slancio monastico nel 500 e soprattutto dal 1100 portò alla nascita di abbazie, alcune di grande splendore, in luoghi impervi che il lavoro dei monaci trasformò in habitat fiorenti contribuendo ad offrire difesa e rimedio alla fame di popolazioni spesso senza risorse. La conquista e messa a coltura di terre improduttive, abbandonate, malariche fu un evento economico e culturale. Queste esperienze consentirono di salvaguardare il patrimonio tecnologico acquisito, di introdurre notevoli ammodernamenti in agricoltura e nella difesa dei suoli, nell'uso delle acque e nella tecnica delle bonifiche.

" Per quanto concerne in modo particolare l'Italia, già alla fine del IX° secolo, in termini di potere, di fronte al collasso di ogni effettiva funzionalità dell'ordinamento carolingio e di fronte al decadere della nobiltà laica di derivazione franca, il fenomeno di esplosione delle forze locali si identifica con un sempre più deciso affermarsi dell'autorità dei vescovi.

Si aggiunga che l'esistenza di una circoscrizione comitale non fu sempre in Italia il segno dell'esistenza di un conte, restando spesso il potere e l'esercizio di quelle funzioni pubbliche attribuito a un gastaldo, a uno sculdascio, pur nell'attestazione dell'esistenza di un comitatus...

...L'esercizio di fatto di funzioni trascurate da un'amministrazione laica che è lontana dal sovrano o non collegata con lui o addirittura ostile, accresce tra la fine del IX° e la metà del X° secolo il potere politico dell'episcopato e dei grandi centri monastici, che nello stesso periodo si configurano anche come centri di potere economico eccezionale,

per l'estendersi e il moltiplicarsi delle fondazioni ecclesiastiche nel territorio dell'Italia settentrionale, per i conseguenti diritti di decima che confluivano in parte ai presuli, in parte restavano alle pievi e, teoricamente almeno, in parte erano destinate ai poveri"
(O. Capitani, *Riforma della Chiesa e lotta per le investiture*, in *Storia della Società Italiana*, Milano, Teti, 1984, vol. 5, pag. 128).

Le incursioni degli Ungheri (900-950) e dei Saraceni vengono, nei secoli IX° e X°, a precipitare questi processi, mentre la conquista carolingia, a sua volta, crea le condizioni per una più compiuta elaborazione del sistema politico feudale. Base dell'obbligo militare - che assume, in quest'epoca turbolenta, un particolare rilievo - resta, anche sotto i Carolingi, il possesso fondiario; e i funzionari regi - i conti e i marchesi di nazione franca, che in buona parte d'Italia prendono il luogo dei duchi e dei gastaldi longobardi - come questi ultimi in nome del re proclamano l'eribanno, convocano cioè e conducono al luogo assegnato gli uomini d'arme di un dato distretto, e come questi hanno giurisdizione su tutto un dato territorio. Ma il "beneficio" (come si chiama) - cioè la concessione di terre regie in rimunerazione del loro servigio - di cui conti e marchesi ormai generalmente godono, li rende praticamente indipendenti dal potere regio, al quale essi restano vincolati solo da un obbligo di vassallaggio e dalla revocabilità del beneficio stesso; mentre l'immunità - cioè l'esenzione di un dato individuo e di un dato territorio dagli interventi del potere centrale - sempre più largamente concessa a conti e marchesi, oltre che ad abbazie ed a chiese vescovili, viene ad integrare la configurazione del feudo. Che è, appunto, un beneficio vassallatico immune, un territorio sul quale è caratteristica la fusione e confusione tra la proprietà privata e sovranità pubblica, e sul quale il feudo esercita in più o meno larga misura i diritti pubblici che erano stati prerogativa del potere regio...il nuovo modo di produzione, che ora più largamente si afferma e si diffonde, è fondato sulla proprietà feudale della terra, e su di una condizione di dipendenza personale dei diretti produttori: i quali non sono più in piena proprietà del signore ma possessori di un appezzamento che coltivano con i propri mezzi di produzione, corrispondendo al grande proprietario feudale una rendita in lavoro, in natura o in danaro; ed una evoluzione in questo senso si ritrova già nel colonato romano del Basso Impero e ancor più nei rapporti di produzione dell'età delle invasioni barbariche".

" A partire dal VII° secolo comincia ad essere documentata anche la ripresa delle opere di dissodamento e di miglioramento fondiario. La miglioria (melioratio), anzi, non è soltanto prevista dalla maggior parte dei contratti agrari del periodo, ma sin dalla fine dell'VIII° secolo diede luogo, in alcuni settori dell'Italia centrale, a un tipo particolare di concessione del terreno che offriva condizioni favorevoli ai coltivatori che si impegnassero a migliorare le superfici coltivate mediante la creazione di piantagioni arboree (*ad plantandum, ad pastinandum);* sono invece rari i contratti che comportassero un esborso di capitale da parte del proprietario: le scarse risorse del tempo non venivano dedicate all'agricoltura ed ogni sforzo di pianificazione e progettazione era dedicato nei fondi più ampi, ai problemi del consumo, non a quelli della commercializzazione. E' poi probabile che i progressi dei dissodamenti e della bonifica abbiano trovato un ostacolo difficile da superare nella ripresa delle guerre e delle devastazioni che caratterizzò gli ultimi decenni dell'impero carolingio: ed è solo alla fine di quel periodo che fanno alfine la loro comparsa i primi segni di uno sviluppo destinato a non più interrompersi. Ogni aspetto dell'economia conobbe allora un processo di crescita divenuto d'un tratto rapido, intenso durevole: inaugurazione di una nuova fase ascendente"
(Philip Jones, *op. cit.*, pag. 418).

"Anche nei secoli più oscuri dell'Alto Medioevo, certo, non erano mai mancate, in ltalia, le concessioni delle terre **ad runcandum, ad pastinandum** - con patto di dissodamento, o di piantagione; ma ora, allontanata la minaccia degli Ungheri, al riparo dei castelli feudali, in signorie terriere ormai organizzate e consolidate, a queste concessioni si aprono prospettive nuove e meno precarie. Feudatari laici, per procurarsi fedeli e armati, nelle rivalità con le signorie vicine, largheggiano in franchigie, a chi si metta al riparo nel loro castello; abbazie e chiese per valorizzare economicamente e politicamente i tesori accumulati e gli enormi possedimenti di terre prevalentemente incolte, impegnano servi e conversi in opere di dissodamento e di bonifica, o moltiplicano le concessioni a terzi; popolazioni, meno gravemente decimate da incursioni devastatrici, con minore incertezza guardano all'avvenire e più insistentemente premono per una ripresa produttiva. Là dove le enormi accumulazioni di ricchezza di abbazie o di chiese non permettono opere collettive di bonifica o di dissodamento, l'iniziativa individuale nella riprese agricola si esercita più sovente nelle piantagioni arboree e arbustive su terre già a coltura, o nel dissodamento di più scoperte terre in pendio, piuttosto che sulle troppo difficili estensioni boschive e acquitrinose della pianura, la cui messa a coltura richiede eccessive anticipazioni; e tra le piantagioni, quelle più rustiche del castagno e dell'ulivo - meno esposte ai danni del bestiame e ai furti nei campi ancora aperti - sono spesso dapprima ancora preferite a quella della vite, che seguita invece a prevalere nei minori appezzamenti chiusi.
I secoli tra I'XI° e il XIII° restano decisivi per la rielaborazione di un paesaggio agrario organizzato in Italia, grazie alle grandi opere di bonifica collettive, di irrigazione, di dissodamento che ora intraprendono, con nuove forme di

organizzazione sociale, che divengono esse stesse, una potente forza produttiva, di un'efficacia sconosciuta e irraggiungibile, in quell'età con uno sforzo individuale. Non son solo i singoli, ormai, che sempre più frequentemente s'impegnano nell'opera di bonifica e di dissodamento. Ma sempre più spesso queste ed il Comune stesso appaiono come soggetti non solo di diritti d'uso su terre comuni, ma di impegni per la difesa idraulica di un dato territorio con la costruzione e la manutenzione di arginature, di fossati e di canali, o di concessioni di terre per la loro bonifica e il loro dissodamento: come in quei contratti di "abitanza" o di "castellanza", così caratteristici per quest'età.

Gli stessi signori feudali, che detengono la maggior parte dei mezzi di produzione e delle anticipazioni necessarie per ogni grande opera di bonifica, sono fortemente interessati a valorizzare territori disabitati, per essi economicamente politicamente e militarmente improduttivi, con l'impianto di abbazie cistercensi: le quali conservano quanto, della tradizione delle più evolute tecniche dell'età classica, non è andato interamente perduto, dispongono di ingenti tesori immobiliari, e son divenute vere e proprie imprese di trasformazione fondiaria, anche per conto di terzi, specializzate nelle opere di bonifica di terreni acquitrinosi e vallivi, cui attendono masse di conversi e di servi. Secondo la varietà delle condizioni ambientali, mentre alcune di queste abbazie si specializzano in opere di bonifica dei terreni paludosi e in quelle d'irrigazione altre si orientano verso lo sfruttamento dei loro immensi patrimoni di terre incolte con le tecniche di una grande pastorizia, più spesso transumante. Anche in questo caso non si limitano ad operare su terre già di loro pertinenza, ma sollecitano ed ottengono sovente, da imperatori, re, e grandi feudatari importanti concessioni di nuove grandi distese di terre incolte, o franchigie per l'uso di pascolo su di esse. Altri signori laici ed ecclesiastici ed i re stessi, non tardano a seguire le grandi abbazie cistercensi per la via di una riorganizzazione della grande pastorizia". (E. Sereni, *op. cit.*, pag..)

Il passaggio del potere dalla dinastia carolingia a quello degli Ottoni non interromperà il ciclo feudale. Solo con l'esaurimento di quest'ultimo (1.250, ca.), si giunge al suo superamento: sono ormai nati e si stanno sviluppando i liberi Comuni.

Con gli inizi del secolo XI° in varie parti della penisola ha inizio una ripresa di opere agricole nelle campagne: il ritrovato dinamismo rese possibile la nascita di grandi aziende capitalistiche, come afferma Charles Perain, il rendimento delle colture a cereali aumentò, forse anche in conseguenza dell'uso del ferro negli attrezzi agricoli, il dissodamento degli incolti mise a disposizione di singoli produttori nuove grandi superfici ed il tenace lavoro dei contadini trasformò le campagne rendendo più facile ed intensiva la coltivazione.

" Il profondo processo di trasformazione che la società europea occidentale subisce nel corso dell'XI° e del XII° secolo è determinato da cause molteplici e complesse, anche se l'origine di questo sviluppo va ricercata in primo luogo nella terra, sempre alla base di tutto nel Medioevo, e nel progresso della produzione agricola, che, grazie all'estendersi progressivo della rotazione triennale delle superfici coltivate, dell'uso dell'aratro disimmetrico a ruote e a versoio, della concimazione e dell'irrigazione impiegata su larga scala, nonché all'adozione del giogo frontale per i buoi e del collare di spalla rigido per i cavalli, alla sostituzione del cavallo da tiro con il bue, alla progressiva generalizzazione della ferratura degli zoccoli, alla migliore utilizzazione della forza motrice delle acque correnti, destinate ad azionare mulini e frantoi ecc., permette di migliorare sensibilmente la quantità e il rendimento dei territori posti a coltura e di amplificare la varietà dei prodotti, incidendo in maniera rilevante sull'alimentazione ed eliminando le cause della denutrizione cronica che gravava da secoli sul mondo feudale".
(F. Surdich, *Le città marinare*, in *Storia della società italiana*, Milano, Teti, 1986, vol. VI°, pagg. 13-14)

Terminate le invasioni barbariche, risistemate le istituzioni civili, aumenta la popolazione e con essa le esigenze alimentari: si recuperano alla produzione nuove terre, cresce l'esigenza di ampliamento e ammodernamento del parco tecnologico soprattutto per la produzione di farine.

Le conoscenze tecnologiche resistettero alle scorrerie barbariche del IV,V e VI secolo, sopravvivendo principalmente in alcune zone dell'Italia e del sud della Francia, in particolare attorno a grandi aree urbane come Roma ed ai pochi centri monastici; proprio da questi "avamposti" della tecnica, si iniziò a diffondere per tutta Europa il metodo con il quale le popolazioni, stremate da un periodo di decadimento culturale e demografico, potettero ritrovare nella natura quello che ebbero perso dalla forza umana. (E. Zangarini, 2000)

Notizie frammentarie ci dicono che sul Serchio, in Toscana una gualchiera ad acqua era in funzione nel 983. Monasteri benedettini, cistercensi, vallombrosani, curtes di derivazione carolingia erano in possesso di molini idraulici. Questo fa pensare ad una continuità, nonostante tutto, nell'uso di tecniche e di conservazione delle conoscenze acquisite.

"Per questo, dapprima in Svizzera dal VI secolo d.C. fino in Germania meridionale ed in Belgio, in Olanda un secolo dopo ed in Austria e nelle Alpi orientali nel IX, si costruirono le tantissime ruote idrauliche che, censiti nel Domesday Book nel 1080, erano nella sola Inghilterra ben 5624: oltre cinquemila impianti che, anche per le imposte che fruttavano all'erario, costituivano un punto nevralgico dell'economia dell'epoca e nello stesso tempo richiedevano un tale impegno ingegneristico e finanziario che talvolta soltanto la Chiesa riusciva a sostenere pienamente i costi di produzione e manutenzione; significativa è la considerazione che, nell'arco del XIII° secolo, soltanto in 6 casi vi fu un solo ed unico proprietario di un intero mulino, e non si trattò mai di privati laici, dimostrazione della complessità di utilizzo delle risorse idriche che i mulini dovevano sfruttare: i problemi di sviluppo e mantenimento dei mulini ad acqua saranno molto evidenti approfondendo il loro funzionamento.

La situazione italiana in termini di diffusione è la seguente: "in Lombardia le prime menzioni di mulini idraulici compaiono in documenti del 767 e del 776, continuano con regolarità durante il IX sec. E si moltiplicano nel X. Tali meccanismi sono documentati nel Trevigiano dal 710, a Brescia dal 767, in Abruzzo dal IX sec., nel territorio padovano dall'819, a Parma dall'860, a Pavia dall'863, a Cremona dall'891, a Verona dal 905, a Bologna dal 1074. In Toscana i primi documenti risalgono all'anno 726 per il territorio di Pistoia ed al 798 per Lucca".

Alla questione se siano aumentate prima le produzioni agricole il che avrebbe indotto un incremento della popolazione ed un miglior livello alimentare o se sia aumentata la popolazione il che avrebbe posto la necessità di maggiori produzioni agricole, parrebbe logico rispondere che, chiuso finalmente un ciclo di burrasche, devastazioni, guerre, un nuovo ottimismo ed una rinnovata fiducia verso il futuro abbiano spinto le popolazioni all'intrapresa, al dinamismo economico, a procreare di più e ad accrescere la produzione dei cibi, rendendo anche più ricco il regime alimentare.

"Una delle conseguenze più evidenti di tutti questi fenomeni (ma, a sua volta, anche causa del loro ulteriore sviluppo) fu così l'aumento della popolazione, che raddoppiò fra il X° e il XIV° secolo. Questo consistente sviluppo demografico, producendo un'intensa mobilità sociale a breve, medio e largo raggio, fu a sua volta fattore decisivo per l'espansione interna (intenso movimento di dissodamento accompagnato dalla conquista di nuovi territori e dalla fondazione di nuovi villaggi, fenomeni che permettono a loro volta di aumentare ulteriormente la produzione globale di generi di sussistenza e di accrescere l'espansione demografica) e soprattutto per quella esterna della cristianità, rimettendo in moto gli scambi commerciali e facilitando la nascita e la crescita delle città, sorte quindi dal risveglio commerciale, ma anche dallo sviluppo agricolo dell'Occidente, il primo motore della ripresa dell'economia di scambio fondata sul denaro e sul credito" (F. Surdich, *op. cit.*, pag. 13 -14).

Dice E. Sereni: " L'aumento della popolazione è una delle spinte maggiori alla messa in produzione di nuove terre. Ma lo stesso aumento della popolazione è parte di quel più generale slancio delle forze produttive sociali, che si manifesta nell'invenzione di nuove tecniche e nella diffusione di esperienze di lavoro che ne accrescono il rendimento, rendendo più efficaci gli sforzi individuali. Le opere di sistemazione idraulica effettuati nel passato rendono possibile le bonifiche dei singoli appezzamenti di terreno e il loro recupero alla coltura. E' quanto avviene nell'età dei Comuni".

L'accresciuto fabbisogno di combustibile e di legname da costruzione per una popolazione urbana più addensata fa del disboscamento un'attività lucrosa e le pendici collinari più vicine alla città e ai grossi borghi si vanno progressivamente denudando dei boschi. Su queste superfici scoperte si allargano i possedimenti delle nuove classi borghesi che vi impianteranno nuove colture e vi costruiranno sempre più frequentemente le proprie residenze. Si sperimentano ora nuovi vitigni e nuovi agrumi, si costruiscono reticoli di strade, si abita fuori le mura, nel contado, ricco ormai di costruzioni residenziali Alla trebbiatura con i buoi o i cavalli, fin dall'anno mille, si è sostituito il correggiato e dalle aie il grano battuto può ora essere portato al mulino ad acqua : che, conosciuto dai romani nel Basso Impero, nell'età comunale assume importanza decisiva nelle tecniche della macinazione; una nuova tecnica nella trazione animale e nei trasporti rende economico lo sfruttamento dell'energia idraulica sia pure con impianti rilevanti e costosi, ai quali la materia prima può giungere da un più ampio raggio territoriale.

"Con lo sviluppo delle piantagioni arboree ed arbustive, e col diffondersi della pratica delle prime sistemazioni estensive di pianura e di collina, i fatti agronomici salienti sono senza dubbio costituiti, nell'Italia comunale, dalla netta ripresa del sistema del maggese di contro a quello a campi ed erba, e dalla rinnovata importanza della cultura del frumento di contro a quella dei cereali inferiori. Questi due ultimi processi son, evidentemente, in stretta connessione fra di loro, così come son legati ai progressi delle sistemazioni di pianura e di collina. Raramente converrà di praticare una coltura saltuaria ed estensiva, come quella del sistema a campi ed erba sia pure regolato da un ritmo quadriennale o quinquennale - su di un terreno nel quale importanti anticipazioni sono state impegnate con qualche opera di sistemazione, mentre, per converso, un terreno sia pure estensivamente sistemato, e ricondotto alla regolare alternanza maggese frumento, più esigente, piuttosto che con quella dei più rustici, ma ben più poveri cereali inferiori".

A partire dal Duecento, il consumo di frumento viene riprendendo un netto sopravvento su quello dei cereali inferiori, anche nelle città dell'Italia centro settentrionale, dove esso aveva subito la più grave contrazione nel corso del Medioevo. Nel consumo delle popolazioni rurali, tuttavia, i cereali inferiori conservano la preminenza o comunque un'importanza decisiva, per tutta l'età comunale e, sovente, fino ad epoca assai più tarda. In ogni caso la resa unitaria nonostante la ripresa del sistema del maggese e l'incipiente diffusione delle sistemazioni di pianura e di collina, resta nell'età comunale, piuttosto limitata per i cereali, in conseguenza dell'ancora scarsa diffusione di una rotazione agraria in cui abbiano parte le foraggiere, e dalla scarsa disponibilità di letame. Con l'estendersi dei dissodamenti si riduce la base foraggiera stessa, necessaria vieppiù per l'aumento della popolazione bovina, per il maggior fabbisogno di bestiame da lavoro. Il sistema dei campi chiusi, che via via elimina il regime dei campi aperti al pascolo della comunità dopo il primo sfalcio, induce ad approvvigionarsi delle frasche per compensare la mancanza di fieno.

Verso la fine del Cinquecento la chiusura del prato è, ormai, divenuta norma, insieme con un progressivo estendersi della concimazione mista a sementi che in territori piani, in particolare nelle zone ove massicciamente sono intervenuti lavori di bonifica, produce fino a quattro sfalci di erba.

Se, particolarmente in Lombardia e nel Veneto, il lavoro di bonifica risale al secolo XI°, massicciamente riprendono tra la fine del sec. XV° e la prima metà del sec. XVI°: il prato irriguo elegge la sua patria, nel rinascimento, nelle terre della Padania, il che dà origine agli allevamenti a stabulazione permanente, alla produzione casearia, alla produzione intensiva di letame.

Nel corso del secolo XVI° il processo di estensione dei dissodamenti nei terreni collinari, già avviato in età comunale, si sviluppa allargandosi anche ai terreni montani. Questa estensione è determinata in primo luogo dal fatto che ben il 78% della superficie agraria e forestale è collinare montana. Ma, ancora nel Rinascimento, vaste distese di pianura sono occupate da paludi, infestate dalla malaria, a seguito dell'abbandono delle opere di bonifica del passato. Ancora, la crisi manifatturiera e mercantile, che investe le città, spinge uomini e risorse, verso le campagne. Dalla progressiva spoliazione del bosco, dalla scarsa cura alla regimazione dei suoli, delle acque nascono problemi di grave e progressivo dissesto idrogeologico.

"Dall'età del Rinascimento a quella della Controriforma, le ricerche dei grandi italiani che, da Leonardo al Torricelli, vengono fondando la moderna scienza idraulica, illuminano e rendono più esperta l'iniziativa per grandi opere di sistemazione fluviale e di bonifica, alla quale neanche le guerre, la decadenza economica e politica, il predominio straniero riescono del tutto a tarpare le ali. Non si sfugge all'impressione, tuttavia, che - già verso la metà del Cinquecento - questa iniziativa non basti più a far fronte agli agenti della degradazione del paesaggio montano e del conseguente disordine idraulico. sempre più frequente si fa, nelle cronache e nelle carte degli archivi, la menzione di terre già bonificate, che tornano ad impaludarsi, e quella di fiumi che travolgono argini e sponde, dilagando nelle campagne circostanti e devastandole. Il fenomeno assume caratteri di particolare gravità in alcuni settori della media e bassa Valle Padana, nelle basse valli del Serchio e dell'Arno, nella Maremma toscana e romana, nell'Agro pontino e in altre plaghe costiere del Mezzogiorno, ove centri agricoli già fiorenti nell'età dei Comuni e nel primo Rinascimento vengono rapidamente decadendo. Paesaggi di palude o vallivi tornano ad allargarsi su più ampi settori della penisola e delle isole: e quando non restano del tutto deserti per la malaria, divengono sovente teatro, piuttosto che di attività agricole, di quelle della caccia e della pesca.

Se questa situazione per il Mezzogiorno e le zone costiere indirizzerà più verso le attività di allevamento brado e le culture cerealicole, tenderà a spostare al centro e al nord le attività già del Mezzogiorno legate alla risicoltura. Dal 1500 al 1700 si impianta questa nuova coltura, essenzialmente nelle zone acquitrinose e paludose delle province settentrionali, in forma di risaia stabile. Anzi, la coltura del riso darà luogo all'espansione di terreni acquitrinosi e paludosi, provocando anche reazioni per miasmi che emanano dalle paludi e rendono sgradevole se non pericolosa la vita delle popolazioni circostanti.

Per tutta Italia la produzione agricola, a partire dal secolo XVI°, comincia ad essere condizionata dall'andamento dei mercati e dei prezzi, profondamente sconvolti in quest'età dall'apertura di nuove lontane vie ai traffici europei, dalla rivoluzione monetaria conseguente all'afflusso di oro americano e dal rapido sviluppo delle manifatture fiamminghe ed inglesi: senza parlare delle conseguenze dei dissodamenti, che si vengono allargando su terre nuove come quelle dell'Ucraina, e che cominciano ad alimentare importanti correnti di esportazione granaria verso il Nord e l'Occidente europeo.

Nel complesso, questo sconvolgimento dei mercati, dei prezzi e dei costi di produzione opera nel senso di un'accresciuta convenienza di attività produttive come quelle dell'allevamento, particolarmente ovino, l'estensione dei pascoli e dei prati, anche a scapito della coltura dei cercali, sono in quest'età fenomeni di portata europea: raggiungono il loro acme in Inghilterra, ove varie estensioni di terre a coltura vengono ridotte a pascolo dai signori, che ne escludono i coltivatori con le *enclosures*, sicché "le pecore divorano gli uomini".

Nella seconda metà del sec. XVI°, i processi regressivi, per buona parte d'Italia, cominciano a manifestare la loro negativa efficacia, per quanto riguarda l'involuzione dei sistemi agrari. Con la nuova estensione dei campi a erba e dei pascoli aperti torna sovente a prevalere, anche dove un regime di campi chiusi si era progressivamente allargato, nell'età dei Comuni e nel Rinascimento, al di fuori della cerchia suburbana, un sistema agrario di sfruttamento comunitario con una ripresa delle selve, dei terreni sodi, delle macchie, degli acquitrini, gli usi di pascolo una volta concluse le operazioni di raccolta. Tornano ad assumere crescente rilievo le terre comuni e quelle sulle quali si esercitano gli usi civici di semina, di pascolo, di legnatico, ecc. Sono usi che integrano un'economia agricolo-pastorale impoverita che permarrà fino alla seconda metà del Seicento.

Con la scoperta del Nuovo Mondo l'asse dei traffici si sposta dall'Italia verso la Spagna e il Portogallo, ma le nuove colture importate dall'America (mais, pomodoro, tabacco, fagiolo, ecc.) introducono notevoli variazioni alle produzioni e all'alimentazione. Verso la fine del secolo XVIII° - mentre la patata e il pomodoro sono ancora quasi sconosciuti - la coltura del granturco ha soppiantato in quasi tutta Italia i cereali minori quali sorgo, miglio, panico e la polenta è divenuta l'alimento fondamentale e pressoché esclusivo della popolazione rurale. Alimentazione che, per la povertà di vitamine, porterà con sé una delle piaghe più dolorose delle campagne: la pellagra".

La nascita della macchina molitoria, a cui seguiranno altre macchine di tipo industriale, rompe definitivamente e forzatamente il rapporto fra produttori e mezzi di trasformazione. Alla evoluzione dell'attrezzatura in struttura avviene solo in presenza di notevoli capitali da investire nella struttura che debbono essere ammortizzati e, dunque, hanno bisogno di fare i conti con la realtà produttiva del circondario. Solo i signori feudali, le curie regie, vescovadi e abbazie hanno le risorse per poter insediare macchine di questo tipo. Solo in tempi moderni la detenzione della struttura resta definitivamente scissa dalla struttura produttiva. A questa scissione si aggiungerà, nello sviluppo dei mercati, una presenza autonoma della intermediazione commerciale che allungherà la filiera produzione-distribuzione, impoverendo ulteriormente la produzione.

La scissione fra produttore e detentore dei mezzi tecnici era già avvenuta nel Medioevo. Signori feudali e abbazie, detentori esclusivi di molini, li utilizzarono per le proprie esigenze e furono in grado di obbligare, dietro pagamento di una "bannalità", tutti quelli che lavoravano sulle loro terre ad usare solo i loro molini.

Ai cambiamenti delle condizioni generali della società (produttività delle terre, viabilità e mezzi di locomozione, andamenti dei mercati, ecc.) corrispose una netta e definitiva separazione fra produttori, trasformatori e mercato. L'unicità originaria del processo produzione-trasformazione-vendita si articolò in tre momenti distinti il cui grado di industrializzazione non restò omogeneo ma si fece sempre più squilibrato in danno della produzione. Questo processo avvenne modificando sostanzialmente i mezzi di trasformazione: da familiari divennero aziendali per evolvere infine in strutture industriali.

"Per quanto riguarda la meccanizzazione della produzione, due fattori d'ordine tecnico ebbero un peso determinante. Il primo riguarda l'energia, il secondo i materiali. Le uniche forze motrici a disposizione dei tecnici del XVI° secolo, fino all'epoca di Newcomen, erano gli uomini, gli animali, il vento e l'acqua. Gli uomini e gli animali erano assai costosi e potevano fornire una quantità limitata di energia. Le macchine azionate dal vento e da energia idrica imponevano un forte investimento di capitale, ma poiché i costi di esercizio erano bassi, diventavano molto convenienti nel caso di cicli lavorativi continui, come ad esempio nelle operazioni di pompaggio.
Talvolta esse potevano fornire anche più di 5-20 cavalli di energia. C'era quindi una tendenza a sfruttare l'energia naturale nella maggior misura possibile; tale tendenza veniva tuttavia ostacolata dalle difficoltà di reperirla dove più ce n'era bisogno, cioè nelle città e nei porti.
Infine quando l'energia era richiesta saltuariamente o in quantità limitate le macchine cessavano di essere convenienti a causa dei loro alti costi".
(Rupert Hall, *Storia economica di Cambridge*, Torino, Einaudi, 1975, vol. IV, pag. 115)

"Il gusto popolare fu il fattore che provocò la sostituzione delle mole di pietra per ottenere farina, perché il prodotto non si conservava molto bene a causa del suo contenuto di olio, relativamente alto, che tendeva a diventare rancido. Sia la macinatura 'bassa" inglese, nella quale le macine erano sempre strettamente avvicinate, sia la macinatura "alta" usata in Ungheria e in generale sul continente, dove, essendo il grano più tenero, si dovevano usare macine via via ravvicinate in stadi successivi, portarono gradualmente alla macinazione a cilindri.
Con questo procedimento, introdotto in Ungheria per la prima volta nel 1840, i chicchi di grano passavano attraverso una serie di coppie di cilindri scanalati a spirale, seguiti da coppie di cilindri lisci in modo da produrre 5 o 6 diverse qualità di farina con lo stesso tipo di grano. La farina molto bianca, di uso. economico (perché assorbiva più acqua) serviva per preparare degli ottimi pan carré e si manteneva più a lungo essendo di qualità superiore".
(T. K. Derry e T .I. Williams, *Tecnologia e civiltà occidentale*, Torino, Boringhieri, 1968, pag. 804)

La tecnica utilizzata nei mulini ad acqua, se confrontata con il livello tecnologico delle società industriali e postindustriali, appare certo molto povera.

Questa tecnica, tuttavia, per quanto obsoleta nel 1840 con l'avvento dei primi mulini a cilindri (Ungheria), sopravvive fino alla metà del XX° secolo nonostante la sua presenza sia andata restringendosi in modo progressivo ed accentuato in zone periferiche, isolate e marginali. Nel passaggio da Paese agricolo a Paese industrializzato mugnai e mulini finirono per divenire inutili ed inservibili. Il tracollo avviene con gli anni 1950. Nel grande e caotico sviluppo di quei decenni neppure i mulini elettrici, che sostituirono una parte di mulini idraulici, riuscirono a sopravvivere surclassati dai grandi complessi molitori.

In aree agricole marginali dove la produzione restò entro i limiti dell'autoconsumo, mulini ad acqua riuscirono a sopravvivere. A conferma che il livello delle produzioni e le peculiarità economiche locali determinano il livello tecnologico più confacente. Nessun produttore, per coltivare un orto, utilizzerà macchine industriali. I mulini, condizionati dall'andamento meteorologico e dalla produzione agricola, riducevano l'attività a fine mietitura per cessare quasi del tutto al termine della seccatura delle castagne. L'attività riprendeva L'anno seguente alla raccolta delle robe nere e alla mietitura di orzo e avena.

I mulini ad acqua, al censimento del 1869 nei territori del Regno d'Italia ne furono contati circa 70.000, sono di due tipi: il mulino a ruota orizzontale, greco, o norvegese o scandinavo, ed il mulino a ruota verticale, o vitruviano.

I due tipi si differenziano per le modalità di produzione e trasmissione del moto. E, dunque, per le rese e per i costi di costruzione.

Il primo tipo è dotato di un asse verticale al cui estremo inferiore una ruota idraulica viene mossa dai colpi dell'acqua su palette incastrate lungo la circonferenza del fuso ed all'estremo opposto è infilata una macina: tanti giri compie la ruota idraulica tanti ne compie la macina. La trasmissione avviene in forma diretta: orizzontale è il senso del movimento di ambedue le ruote, sinistrorso o destrorso.

"Il mulino greco (scandinavo o norvegese) aveva una potenza di 0,5 H.P., pari a 2,5 uomini, quello vitruviano arriva a 3 H. P., pari a 15 uomini.

Nell'Europa occidentale il mulino ad acqua e il mulino a vento furono le principali fonti di energia per molti secoli, fino alla realizzazione delle macchine a vapore di Newcomen, Smeaton e Watt nel XVIII° secolo". (A. Stowers, *Storia della tecnologia*, Torino, Boringhieri, vol. IV, pag. 206)

Il secondo tipo è caratterizzato dalla ruota verticale esterna e da un albero di trasmissione orizzontale al cui estremo un rocchetto (*lubecchio*), ruotando introduce i pioli uno dopo l'altro in una presa (*lanterna*) applicata all'alberino verticale della macina.

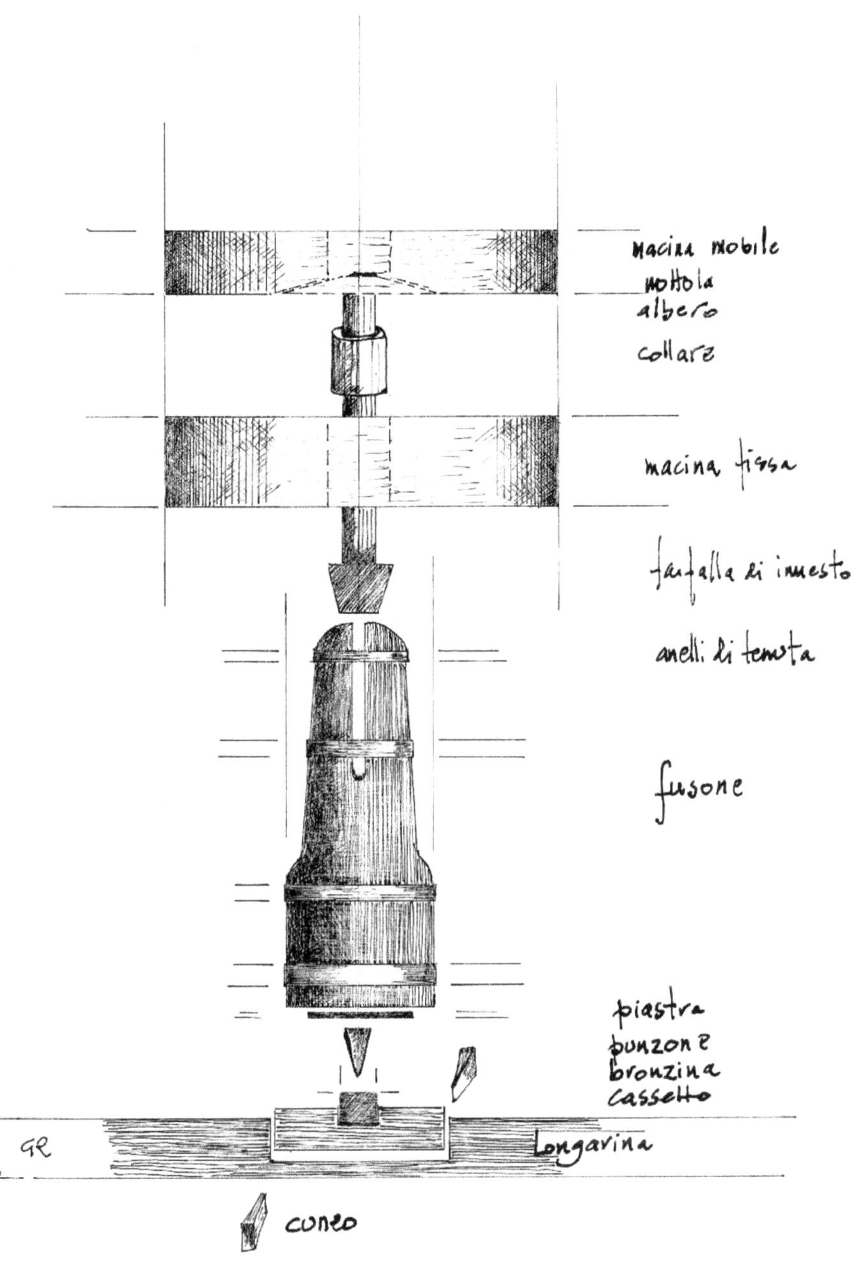

fig. 20 - prototipo di mulino greco

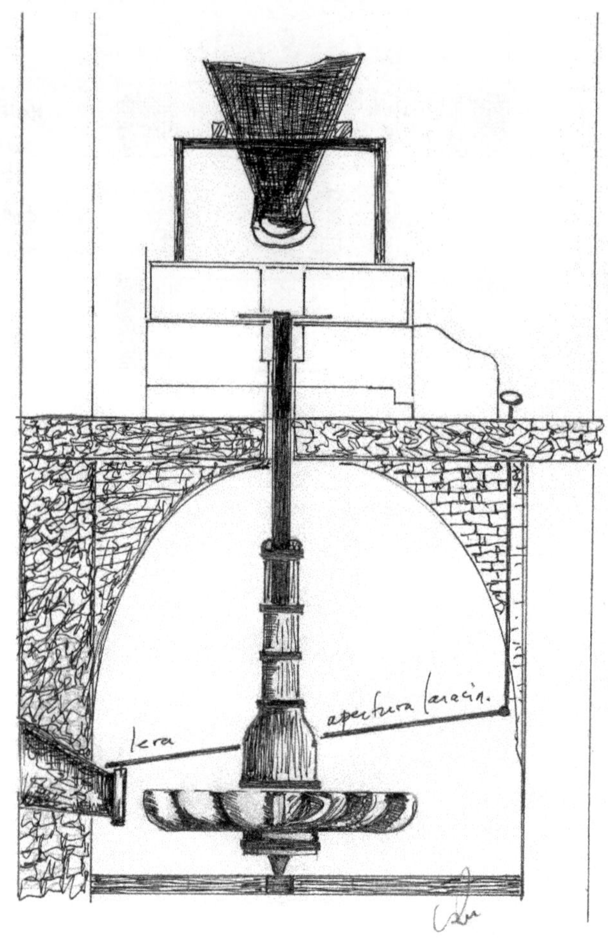

fig. 21 – mulino orizzontale: schema.

Nel mulino orizzontale, o di tipo greco, si trovano quasi sempre i seguenti elementi:

- 1) una presa e un canale di derivazione;
- 2) una botte (bottaccio, margone, gora ecc.);
- 3) una galleria;
- 4) uno o più vani per le macine;
- 5) un portico;
- 6) un canale di scolo.

Non era raro che al mulino principale fosse abbinato, in posizione inferiore, un mulino più piccolo ad una sola macina, destinato alla molitura di castagne secche o di robe nere (Veccie, ceci, fave, ecc.).

Il mulino si riforniva di acqua per caduta da una presa a monte.

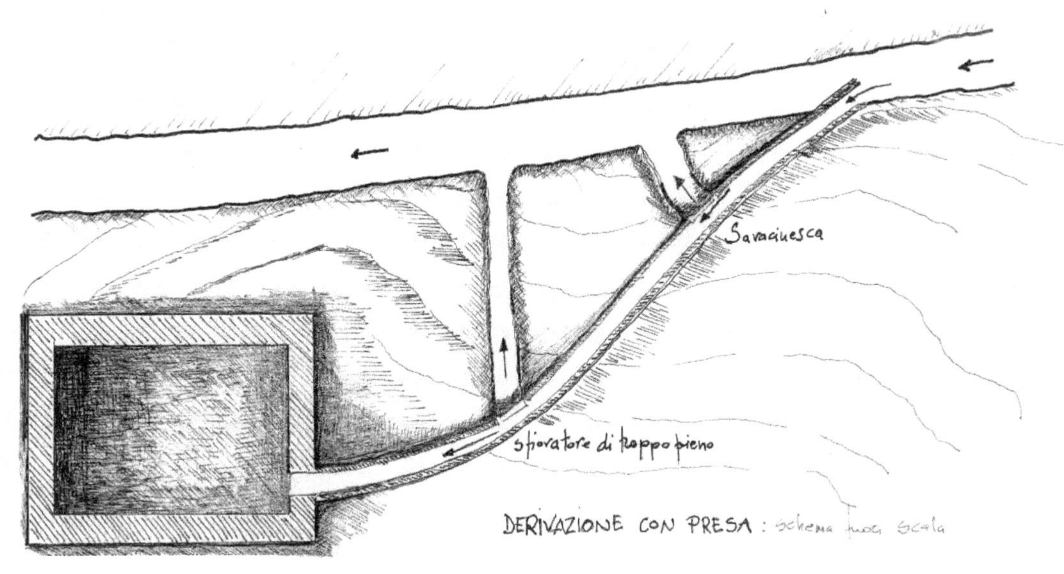

fig. 22 - Presa sul fiume.

La presa era uno sbarramento posto di traverso nel torrente generalmente all'uscita di un'ansa, lungo la verticale della corrente per evitare i detriti che tendevano a depositarsi sulla sponda opposta.

Per impedire che materiali grossi rotolassero a rovinare la presa, per rallentare la spinta della corrente e preservare più a lungo le opere, si costruivano sbarramenti aggiuntivi a monte del canale.

La pendenza (1-2%) e la sua lunghezza, in qualche caso di alcuni chilometri, facilitava il deposito di materiali minuti.

La portata minima era di 1 lit/sec. (cm. 30x30): il consumo medio di un mulino a tre macine poteva raggiungere i 10-11.000 litri circa (mc. 10-11) all'ora e poteva essere compensato agevolmente. Per reintegrare un consumo di mc. 240 in 24 ore di attività era sufficiente una sezione di cm. 60x50. Tuttavia in diversi mulini si trovano canali di sezione maggiore.

Lungo il canale erano posti uno o più sfioratori di troppo pieno, e una o più saracinesche, per controllare il flusso dell'acqua o impedirne l'arrivo in caso di inattività.

L'acqua scendeva a riempire un invaso artificiale (botte, bottaccio, margone, ecc.) costruito in adiacenza al mulino. Il livello di pieno giungeva all'altezza del pavimento della sala macine. Il peso della massa d'acqua determinava la spinta alla bocca della tromba o doccia. Se il livello della botte scendeva diminuiva la spinta sui catini e la velocità delle macine; era, perciò, importante che la quantità d'acqua utilizzata venisse reintegrata durante il lavoro, onde mantenere costante la pressione d'uscita.

Portata e forma delle botti erano le più diverse; ogni mulino aveva un proprio serbatoio ricavato a seconda delle possibilità offerte dal luogo dove era costruito. Un serbatoio di mc. 150-200 garantiva una scorta per 24 ore di lavoro corrispondenti a qli 50-70 di granaglie.

fig. 23 - sfioratore

fig. 24 - botte.

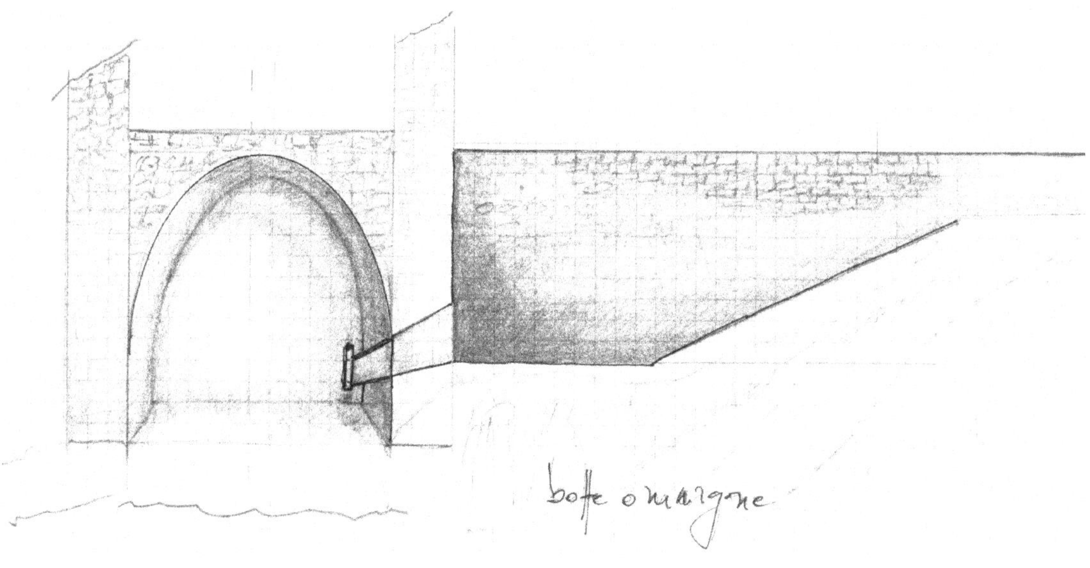

fig. 25 - botte: sezione.

Botti di portata maggiore erano costruite solo in mulini che avevano un'attività considerevole e che non potevano rischiare il blocco per più giorni, in tempo di mietitura o in autunno, dopo la seccatura delle castagne.

Si può ragionevolmente stimare che un carico di mc. 600 d'acqua fosse sufficiente a macinare circa qli 200 di granaglie. Una piccola botte (mt 7x10x3) garantiva in genere il fabbisogno normale della stragrande maggioranza dei mulini.

Nel punto più basso della botte erano collocate le trombe. Simili ad imbuti o a piramidi tronche, nella maggioranza dei mulini erano due, ma in alcuni più grandi ve n'erano tre.

Le trombe, che servivano a "sparare" l'acqua sui catini misuravano all'entrata circa 60x80 cm, per ridursi all'uscita a 20x20 cm circa. La profondità, con un angolo d'inclinazione di circa 45°, raggiungeva i 90 centimetri circa.

In corrispondenza delle trombe, il peso dell'acqua doveva essere di 1500-2000 qli circa, ripartito per le trombe in attività. Tuttavia, salvo brevi periodi, era sufficiente mettere in funzione una tromba alla volta.

fig. 26 - Tromba con saracinesca.

La doccia o tromba poteva erogare circa 1 litro/sec d'acqua e l'apertura era regolabile, con un tappo o con una saracinesca di ferro.

Per una molitura ottimale si richiedeva una velocità di due giri al secondo: a velocità maggiori si rischiava di far "bruciare" la farina, a velocità inferiori si rischiava di impastarla e di dover smontare la macina per la pulizia.

fig. 27 - Saracinesche: particolari

In tempi recenti furono utilizzate saracinesche metalliche di vario diametro (10-12-14 cm.) la cui apertura e regolazione avveniva dalla sala macine: In passato la regolazione delle docce avveniva con un palo infilato a mo' di tappo nella tromba ed azionato dalla sala macine con un marchingegno a leva.

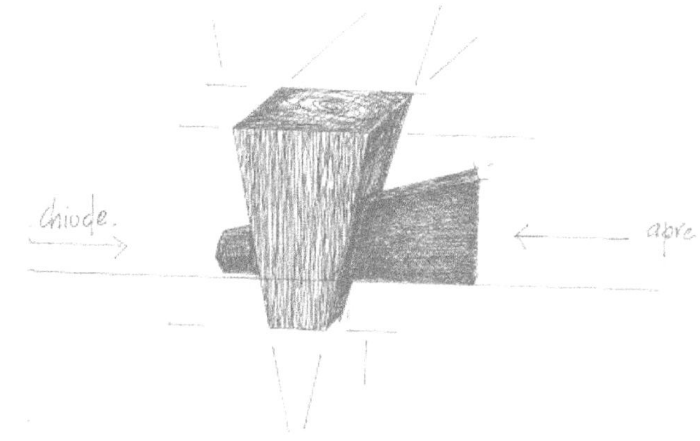

fig. 28 - Leva a cuneo.

La tromba inclinata di 30-45° sporgeva per 40-50 cm., in galleria, sopra la ruota.

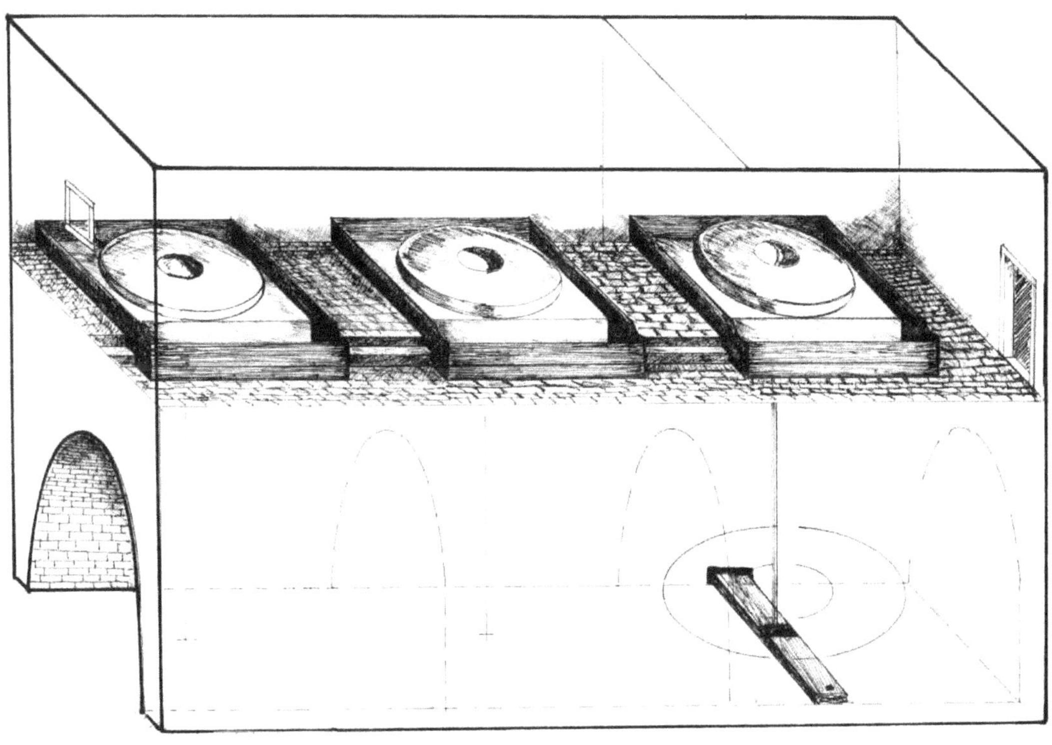

fig. 29 - galleria: ortogonale.

La galleria era il vano costruito sotto la sala macine per alloggiarvi le ruote idrauliche. Alta circa 2-2,50 metri e larga 2,40-2,70, lunga dai 7 ai 10 metri a seconda che contenesse due o tre ruote.

fig. 30 – palmento

Nella maggioranza dei casi era in pietra con volta a botte. Costruita con lastre o piagne giustapposte l'una all'altra in verticale, interstiziate con calce idraulica, o a secco veniva "caricata" con materiali inerti per mantenerla in trazione e scaricare il peso sovrastante sui muri laterali. Sul pavimento della galleria due o più banchine, o longarine, una per ogni ruota. La banchina era una robusta asse di quercia lunga 2-2,5 metri, larga 20-25 centimetri e spessa 4-5 centimetri. Da un lato veniva incastrata nel muro, dall'altro era agganciata ad un'asta per essere azionata con una maniglia o altro congegno dalla sala macine., a fianco del palmento.

fig. 31 – galleria

fig. 32 - banchina.

Sulla banchina poggiava il fuso, l'albero di trasmissione e la macina mobile, per un peso di circa

8-9 quintali. Nella banchina veniva alloggiato un parallelepipedo di ferro o bronzo, (bronzina) di centimetri 15x8x6.

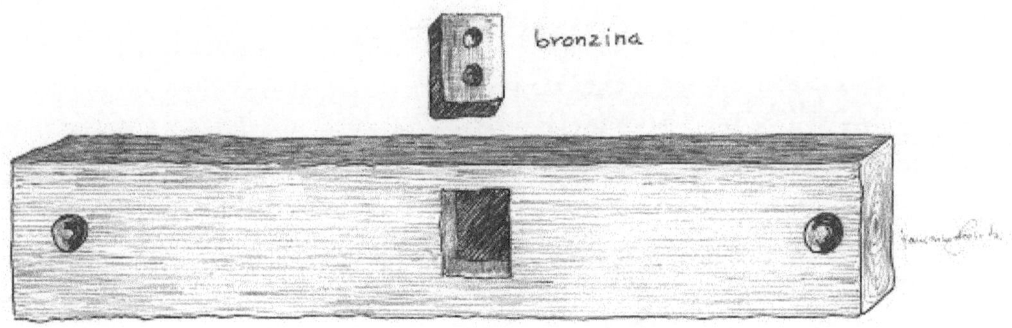

fig. 33 - bronzina.

In tempi recenti, per poter utilizzare al meglio la bronzina senza dover rimettere a piombo il fuso, la longarina venne modificata. Nella parte centrale venne intagliata una sezione mobile ("cassetto") che poteva essere mossa avanti-indietro e bloccata con cunei contrapposti. Questa modifica fu ulteriormente migliorata con un cassetto obliquo, più stabile e più funzionale.

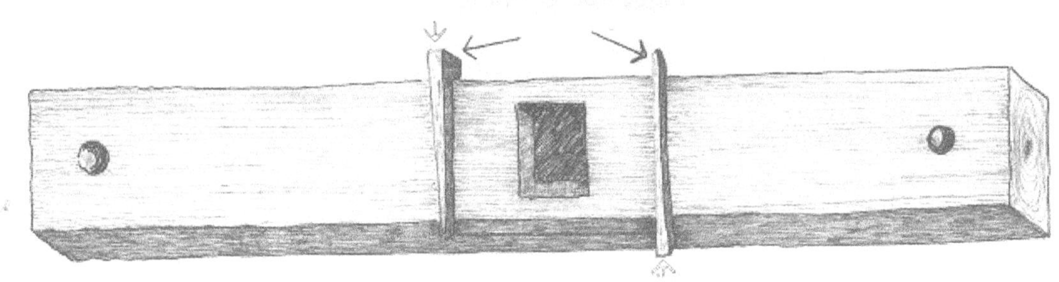

fig. 34 - cassetto dritto

Sulla bronzina il fuso appoggiava con un perno di ferro (punzone) fermato sulla base con una piastra metallica. I punzoni erano punte di metallo pieno, in genere ferro, del peso di 1,5-2,0 chilogrammi.

Il fuso era lungo dai 150 ai 200 centimetri. Ricavato da un tronco di quercia, legno molto compatto e resistente, veniva scortecciato, rastremato verso l'alto, preparato per i cucchiai e per l'albero, poi messo nella botte a macerare per almeno un paio d'anni. L'acqua l'avrebbe indurito ulteriormente rafforzandone la resistenza ai colpi.

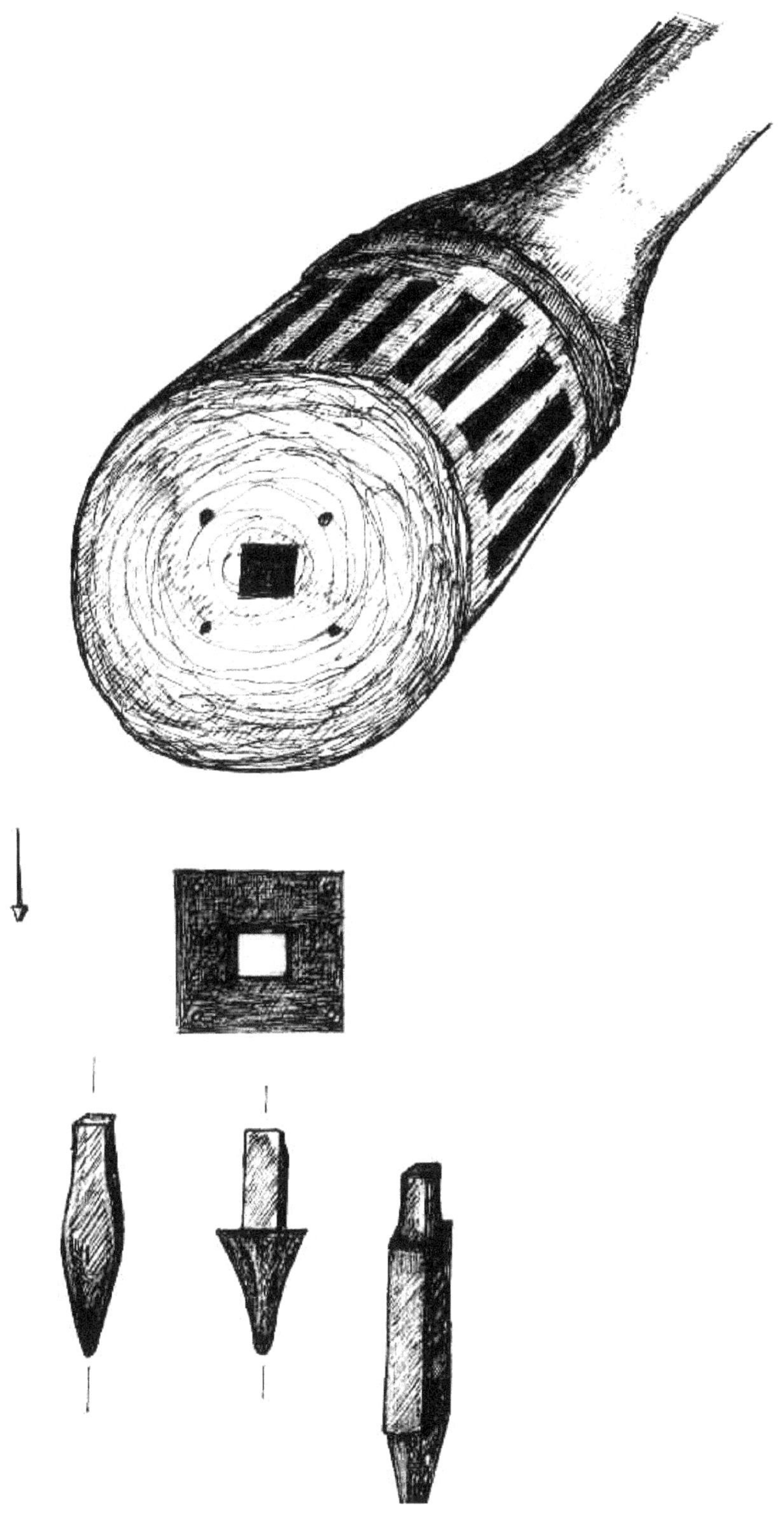

fig. 35 - fuso, piastra, punzoni.

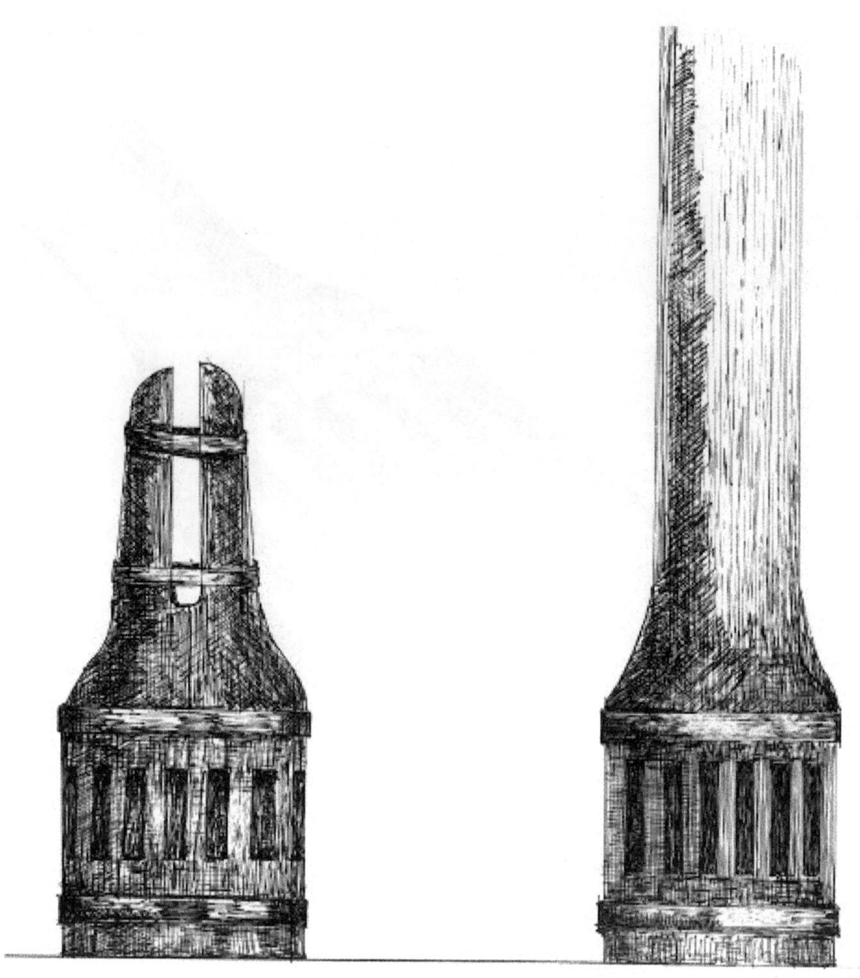

fig. 36 - fusi.

Nella parte inferiore destinata ai cucchiai il fuso misurava 50-60 centimetri di diametro. Per mantenere una buona resistenza agli urti, era importante una corretta angolatura degli incastri e la loro profondità. Per dare compattezza al meccanismo, i cucchiai (cm. 50, circa) erano inseriti per una profondità di circa 20 centimetri, fino alla linea di fermo, bloccati con zeppe di legno tenero (pioppo, faggio, acacia) che, impregnandosi d'acqua aumentavano di volume esercitando una forte pressione sui cucchiai. Sopra e sotto i catini il fuso era legato con due cerchi di ferro. I cerchi rafforzavano la resistenza agli strappi e agli urti impedendo che si aprissero spaccature nel fuso che lo avrebbero reso inservibile.

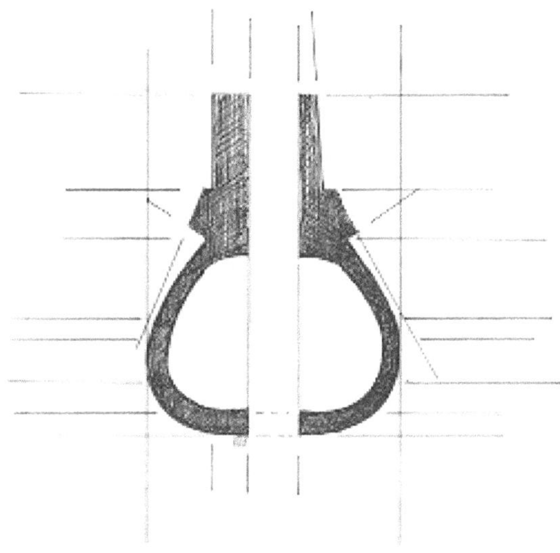

fig. 37 - Cucchiai - lato a) e lato b)

Quando si usavano cucchiai più lunghi di 50-60 centimetri, si ricorreva ad un bloccaggio aggiuntivo, agganciando i cucchiai ad un cerchio di ferro passante, come in figura 38.

Nello spacco superiore del fuso veniva infilato l'albero: un palo di ferro a sezione circolare o quadrata, di 30-40 chilogrammi circa.

L'albero veniva stretto con zeppe di legno e costretto da 3 anelli di ferro, infilati a pressione lungo il tronco

fig. 38 - catini inanellati.

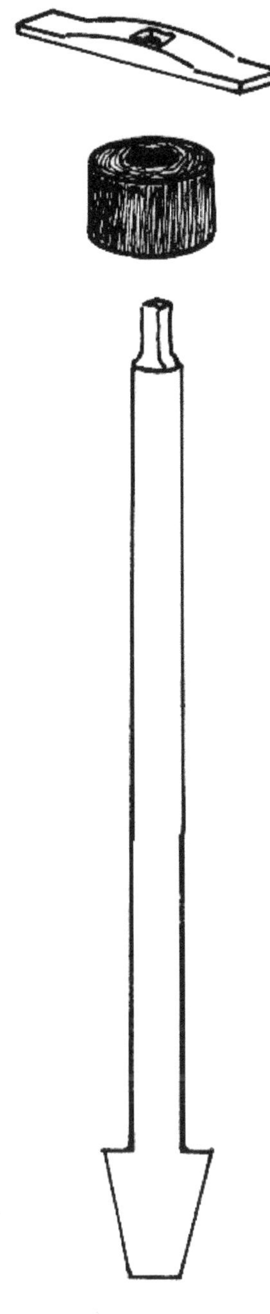

fig. 39 - dal basso: stanga, collare, nottola.

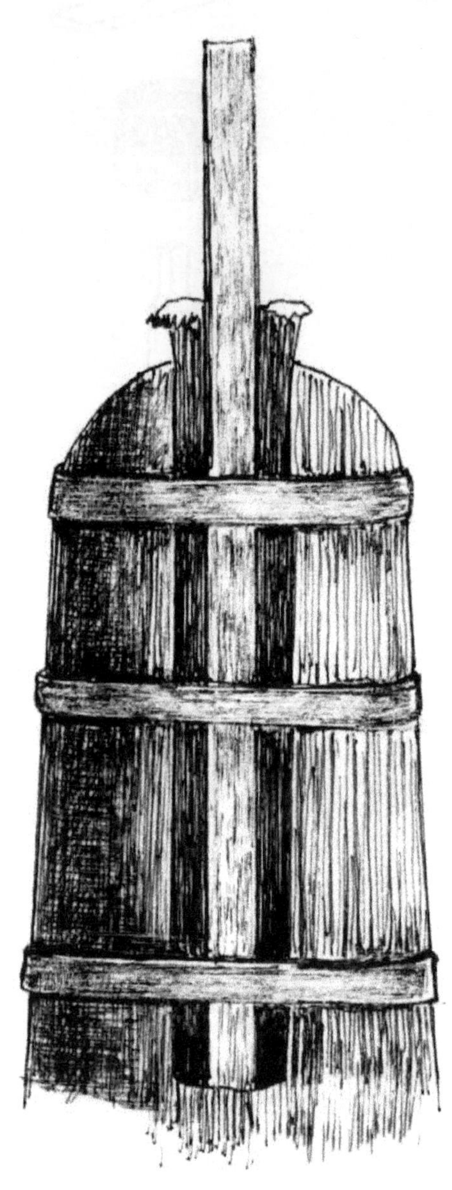

fig. 40 - albero con innesto stanga.

I cucchiai venivano intagliati da quarti di tronchetto lunghi 70-80 centimetri. Come per il fuso, veniva usato legno di quercia. Il tronchetto veniva scortecciato e tagliato in quattro parti: ognuno degli spicchi era scolpito fino ad assumere la forma del cucchiaio e poi messo a macerare nella botte.

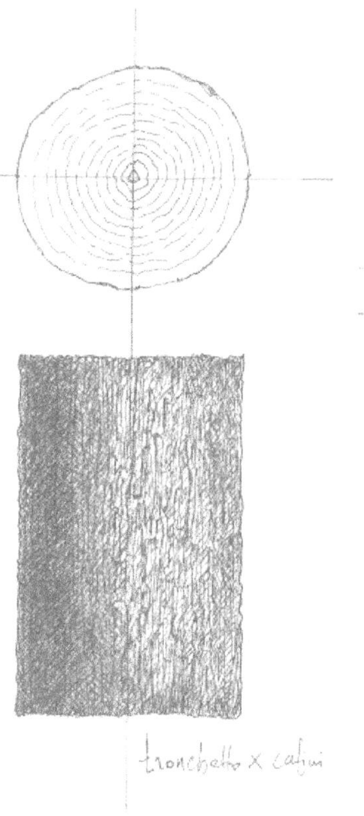

fig. 41 - Tronchetto per cucchiai.

In qualche caso si provava ad utilizzare legno tenero, più facile da lavorare, ma la durata era molto inferiore e più frequenti erano le sostituzioni di cucchiai spezzati o resi inservibili. il legno tenero tendeva a marcire.

Per ottenere cucchiai di forma uguale o simile si utilizzavano due modellini (modine, fig. 42) per le due facce del cucchiaio. Le modine venivano appoggiate ai due lati del quarto, con un corpo duro si segnava la forma, seguendo la sagoma della modina.

Per dare forma ai pezzi si usavano accette (fig. 43), simili a sgorbie, a manico corto, con una equilibratura particolare che richiedeva una mano allenata.

fig. 42 – modina e quartarola

fig. 43 - scalpelli per catini.

L'insieme fuso-catini costituiva la ruota motrice o ritrecine, il motore del molino. Il moto veniva trasmesso con l'aggancio dell'albero di trasmissione alla macina, o ruota di lavoro. La ruota in figura (fig. 44) è "dritta": il movimento è antiorario, poiché i cucchiai ricevono la battuta in senso antiorario. La macina gira verso sinistra e la farina esce da sinistra, in tal modo si può saggiare il tasso di finitura e di umidità con la mano destra. Da qui probabilmente la definizione di ruota "dritta" o a mano dritta.
La ruota battuta in senso orario gira in senso orario, e la farina esce dalla stessa parte. Per questo era chiamata ruota "mancina". Perché l'uno o l'altro senso di rotazione non è ben chiaro. Non parrebbero sussistere motivazioni specifiche se non gli spazi fisici in cui veniva collocato il molino. Fatta la scelta i cucchiai o catini nascevano sinistrorsi o destrorsi e non erano intercambiabili.

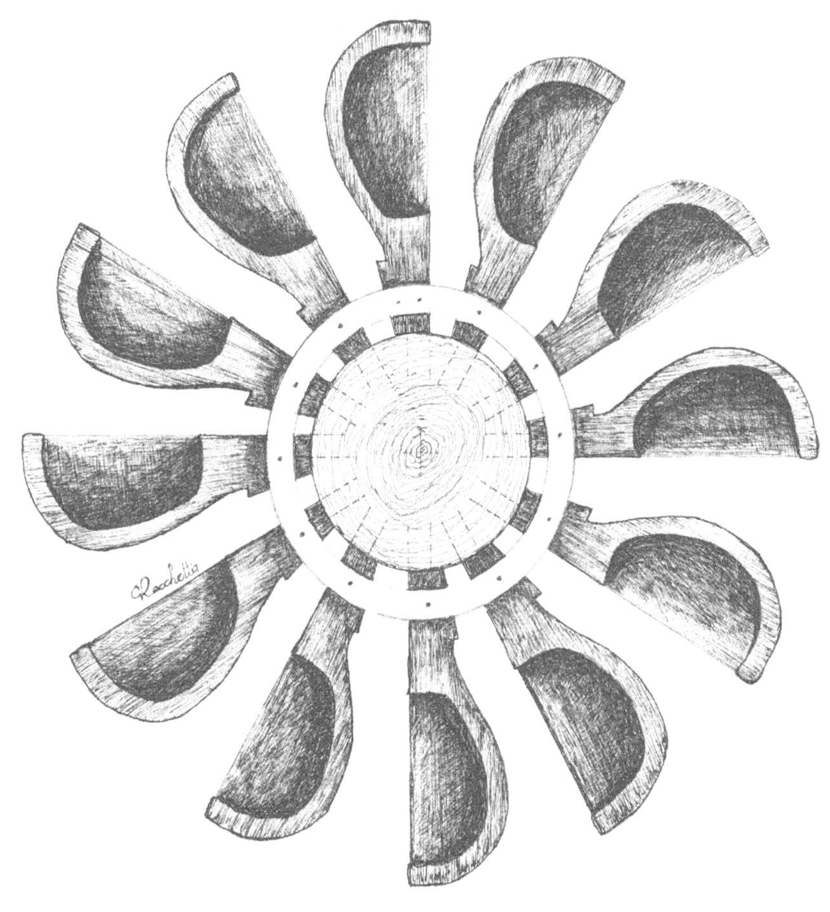

fig. 44 - ruota orizzontale o ritrecine.

La figura evidenzia che i catini erano infissi lungo la circonferenza del fuso secondo un'angolatura di circa 30°. A questo risultato si giunse probabilmente nella ricerca del punto ottimale di battitura: l'angolo oscilla dai 30° ai 45°.

La corretta livellazione della macina mobile e la verticale dell'albero - fusone consentiva al meccanismo di raggiungere il punto d'inerzia, per cui era sufficiente poca acqua a metterlo in movimento. L'apertura e la chiusura della tromba consentiva un movimento ed un arresto quasi immediato delle macine.

Nella stragrande maggioranza dei mulini la ruota idraulica era formata di dodici catini, a distanza di 30° l'uno dall'altro.

Posto in piedi il fuso e innescato l'albero in modo da farlo uscire al piano superiore, oltre la macina fissa, si provvedeva alla messa in piombo. L'operazione era necessaria per poter ottenere che la macina mobile fosse a livello con quella fissa. Si calzava l'albero con una asticella provvista all'estremità di un chiodo o un ferretto(fig. 45).

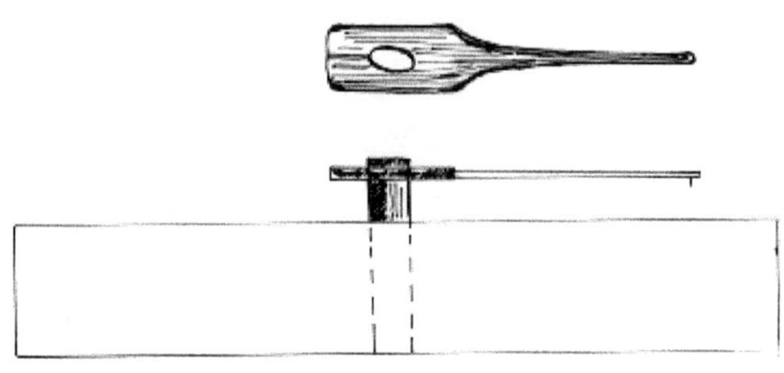

fig. 45 - Randa.

L'albero veniva fatto ruotare per controllare se lungo tutta la circonferenza il chiodo toccasse la superficie della macina. L'accorgimento, piuttosto rudimentale, ricorda molto da vicino un braccio del giradischi. Con alcuni colpetti veniva registrato il fuso fin quando l'asticella (randa) non mostrasse una rotazione priva di oscillazioni e in eguale misura toccasse tutti i punti. L'operazione di livellatura era necessaria: una macina ben livellata avrebbe evitato una molitura scadente e, nei casi peggiori, un consumo irregolare di entrambe le macine, fino a doverle rimuovere. Ne sarebbe derivato un danno economico rilevante se non irrimediabile.

Raggiunta la messa in piombo del fusone nell'incavo della macina fissa veniva inserito il collare (bossolo) con la funzione di cuscinetto e di spessore per mantenere l'albero in piombo. Sull'albero veniva inserita la nottola (5 kg., circa) che si incastrava nella macina mobile.

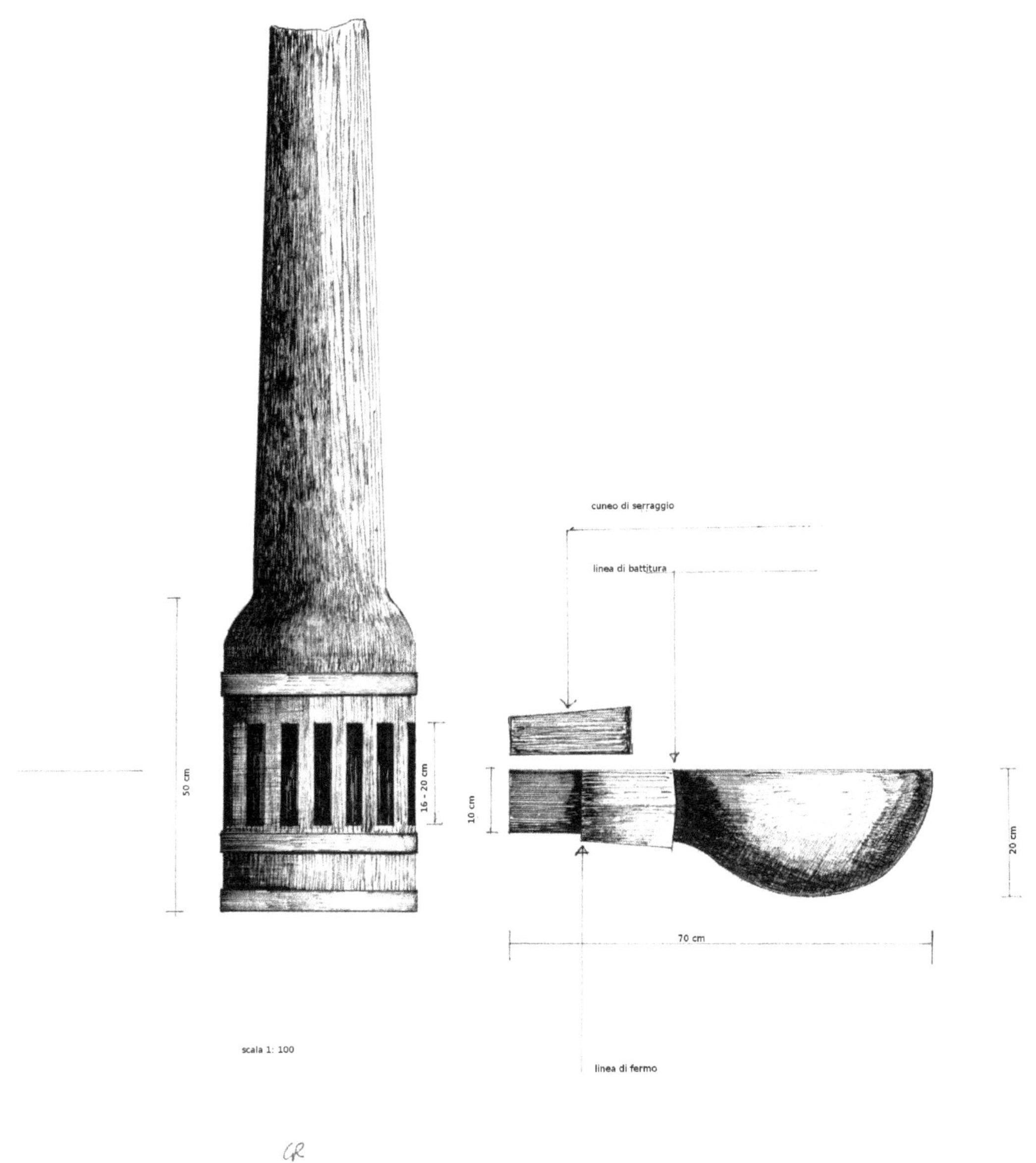

fig. 46 - il fuso

Sopra la galleria, nello stesso verso, i vani riservati alle macine. Le misure dei vani erano ridotte all'essenziale: 14-16 mq per altezze inferiori a mt 2,50, ma si trovano anche altezze di 2,20-2,30 mt. I vani riservati alla molitura erano, in genere, uno per macina o due macine per i vani più grandi.

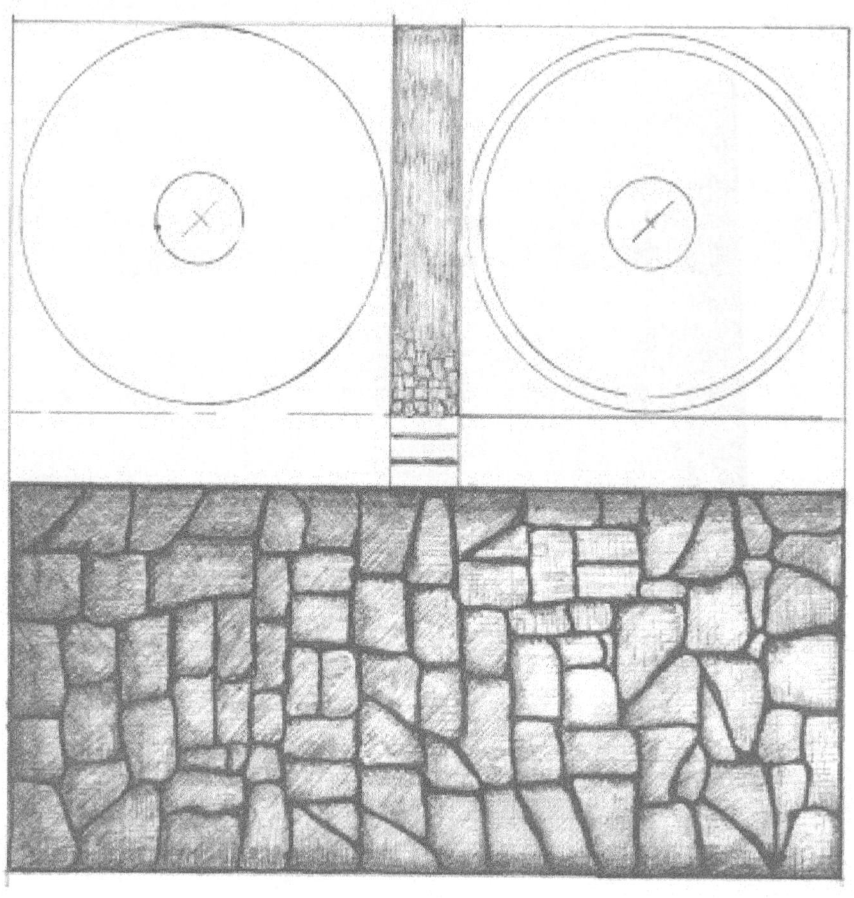

fig. 47 - pianta della sala macine

Il soffitto era in legno: travetti ad una distanza di cm 50-60 su cui venivano posate assi di castagno dalla rifilatura irregolare, accostate l'una all'altra e fermate con chiodi. Attraverso le fenditure scendeva la polvere che si formava al piano di sopra. Solo in tempi moderni anche alcuni solai vennero sostituiti con travetti di cemento, foratoni o pignatte, e un getto di cemento.

Il pavimento era in lastre di sasso irregolari appoggiate su un fondo di terra, l'una vicina all'altra con interstizi di qualche centimetro che poco alla volta finivano col riempirsi di terra, polveri, e sporcizia. Il vano macine, posto in parte sopra la galleria, era livellato con terreno di riporto. Sul pavimento venivano costruiti le basi, di circa 80 cm., su cui venivano collocate le macine fisse o dormienti, molto pesanti; intorno al rialzo era posto un cassone di legno e davanti, sul pavimento, la cassa per raccogliere la farina.

La stanza prendeva luce da una o due finestrine rivolte nella maggioranza dei casi verso la botte.

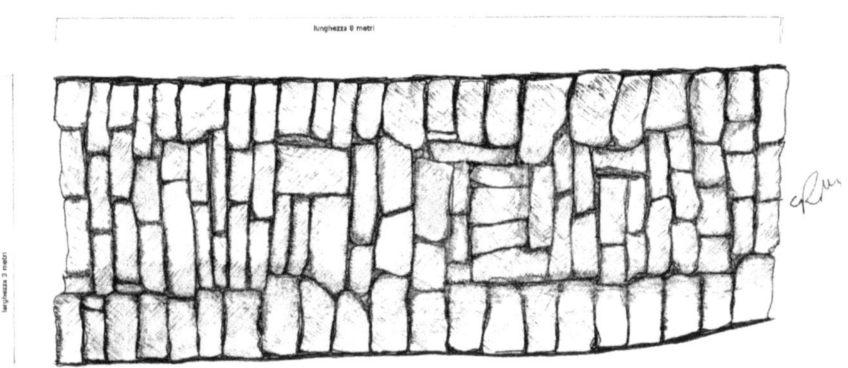

fig. 48 – strada selciata (1800 -1900)

"Mangiare a quattro palmenti", cioè con grande appetito, uno dei numerosi proverbi legati all'attività del macinare, era un richiamo molto forte alla fame e al movimento incessante delle macine.

Il palmento è l'insieme delle due macine, l'una sull'altra, racchiuse in un cassone di legno rettangolare comprende il contenitore per la farina.

Intorno alle macine, per non disperdere la farina, una copertura di legno, o di legno e latta. Le macine erano coperte da teli, a maglia fitta, per l'abbattimento delle polveri. In tempi più recenti la copertura con teli fu riservata alla cassa della farina.

fig. 49 - macina incamiciata.

Il diametro delle macine col tempo si assestò sui 100-120 cm di diametro, più raramente 130 cm, e dunque la superficie di molitura oscillava dai 785 cm^2 ai 1130/1326 cm^2 . Ogni giro la macina poteva frantumare circa gr. 130 di semi. Oppure gr. 1500/Minuto. Ogni quintale macinato richiedeva un consumo d'acqua di qli 30 ca., un'ora di tempo, e 7200 giri di macina.

Le macine erano di tre tipi: materiale andante per la macinatura delle robe nere; materiale duro per macinare castagne; materiale pregiato, di durezza e compattezza, per la macinatura del grano, orzo, avena, granturco.

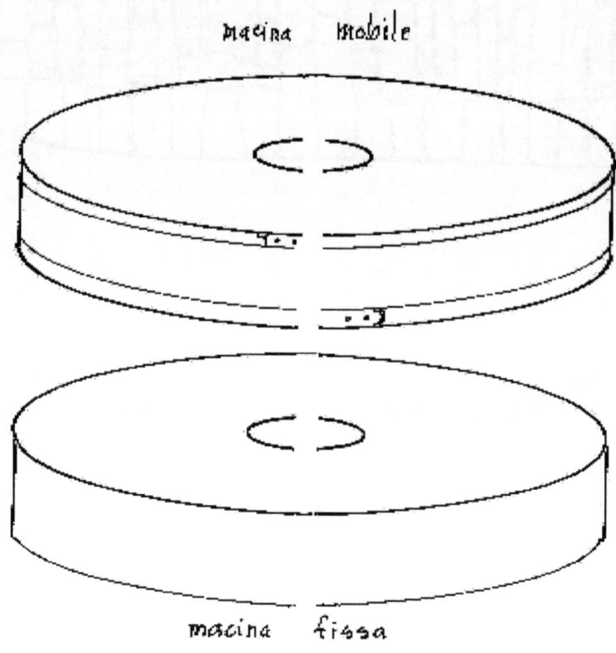

fig. 50 - macine.

fig. 51 - Tramoggia.

La tramoggia era il contenitore dei grani da macinare. A forma di tronco di piramide quadrangolare rovesciata, era ancorata qualche volta al soffitto e in qualche altro caso appoggiata su un castelletto di legno posto sopra la macina. Conteneva una soma di grani (circa 75 kg.), che nel volgere di un'ora veniva macinata. Caricata la tramoggia, sui grani veniva appoggiato un *peso* legato con una cordicella ad una gruccia snodata, fissata sulla tramoggia. Al braccio opposto della gruccia un campanello. Finito di macinare il peso finiva sulla macina, strattonando il campanello. Il suono indicava al mugnaio che la tramoggia era vuota.

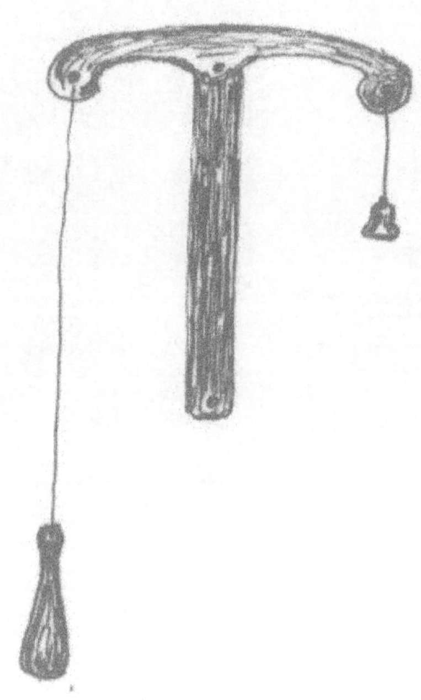

fig. 52 - gruccia con peso e campanello.

Il coppo assomigliava ad una paletta senza manico: era posto sotto la tramoggia in posizione inclinata per permettere ai grani di scivolare nella macina. Per facilitare lo scivolamento dei grani nell'occhio della macina si trovò un accorgimento semplice ma efficace: un pezzo di legno, fissato ad un piolo del coppo, veniva appoggiato sulla macina e lasciato sfregare in senso contrario al movimento. Lo sfregamento lo faceva oscillare e con esso il coppo. Questa specie di ninna-nanna distribuiva i grani nell'occhio della macina.

fig. 53 - coppo.

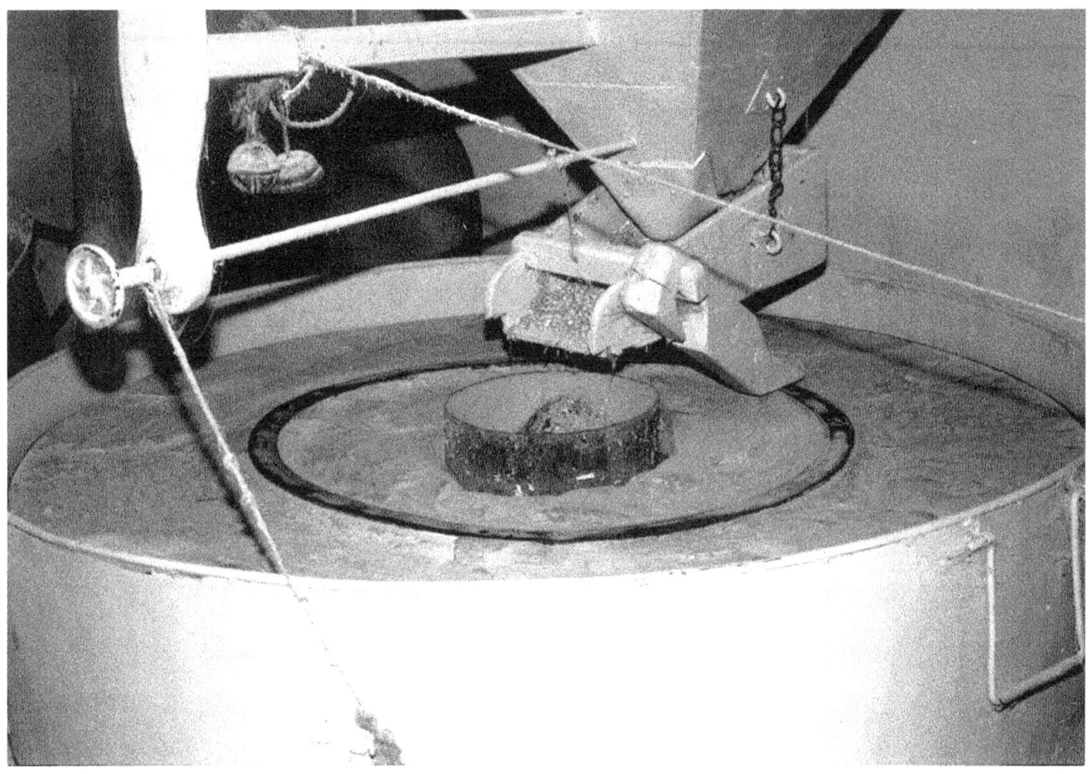

fig. 54 - Cantarella e coppo

Una cintura di legno o altro materiale tratteneva le farine che il moto spingeva alla bocchetta d'uscita da cui scendeva nel cassone appoggiato sul pavimento.

Per trattenere lo spolvero delle farine le macine erano ricoperte con un telo o altro materiale (camicia)

fig. 55 – occhio della macina, camicia.

I mulini più grandi avevano, all'ingresso, un portico per tenere al coperto gli animali da soma. Dal muro pendevano degli anelli a cui si annodavano le briglie.

Dalla galleria l'acqua era restituita al fiume con una canaletta in pendenza, che veniva ripulita alla bisogna.
In figura 58 sono evidenziati due esempi di scarico; il più funzionale era quello in linea retta con la tromba: l'acqua dopo la battuta sui catini riusciva a tenere pulito il fondo dai detriti; nell'altro esempio l'acqua li depositava invece nel gomito morto, la manutenzione doveva essere più frequente per impedire che i depositi ostacolassero il lavoro del ritrecine.

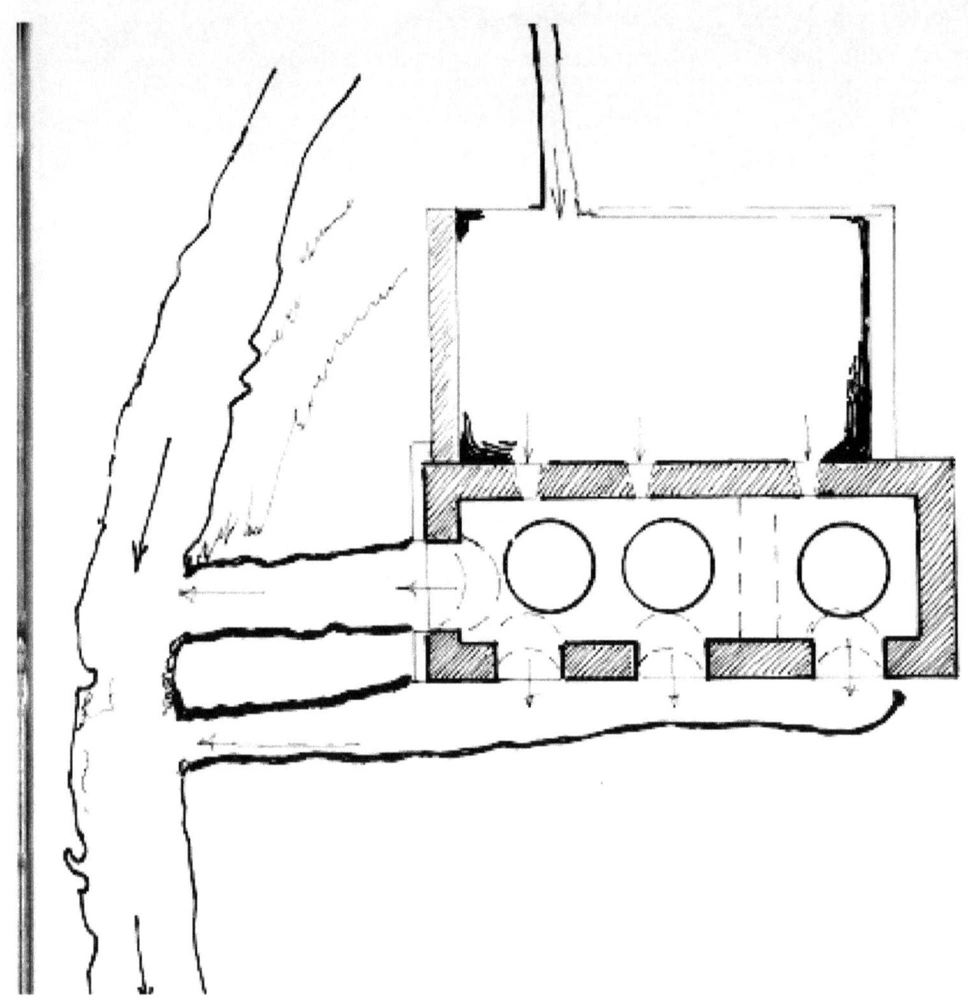

fig. 56 - scarico

Nella figura che segue è indicato un tipo di arco della scarico. Le modalità non si discostano dalle gallerie praticabili in piedi. Questo arco era molto più basso, ma veniva costruito soprattutto negli scarichi in linea e uno per ogni tromba.

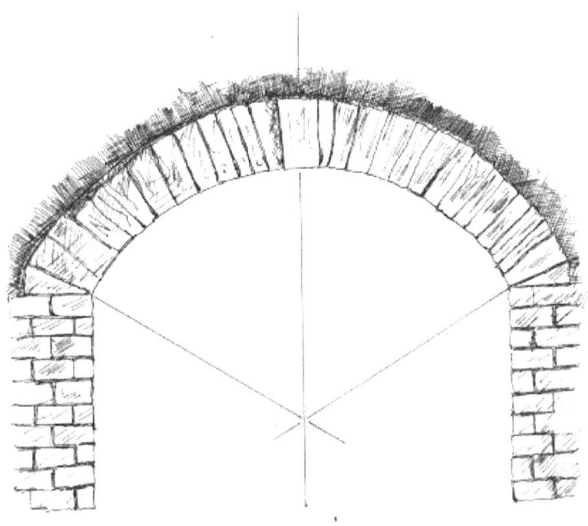

fig. 57 - arco dello scarico

Il mulino a ruota verticale, o vitruviano, ebbe sin dall'inizio caratteristiche "industriali".

Le costruzioni furono, in genere, ampie, rifinite e collocate su più piani: i muri furono spesso intonacati. Non furono rari i mulini dotati di grandi vagli meccanici, per setacciare le farine. I palmenti furono più di due e le macine furono spesso di materiale molto duro per macinare in qualità soprattutto cereali nobili, destinati all'alimentazione umana.

fig. 58 - buratto.

In pedecollina e in pianura si erano ottenute rese maggiori e di migliore qualità. Le innovazioni agrarie e la stessa composizione dei terreni avevano consentito di elevare le medie per ettaro e di dare all'agricoltura caratteristiche di produzione intensiva.

fig. 59 - Ruota verticale con presa da sotto

Il mulino verticale era la tecnologia più consona a dare risposte ad una domanda in crescita: una tecnologia semplificata e di buona resa quantitativa e qualitativa; un investimento elevato ma redditizio per l'abbondanza di prodotti delle campagne.

L'acqua era presa dal fiume o torrente con un canale di derivazione che portava l'acqua sulle pale: era sufficiente poco peso per far muovere anche ruote grandi, se ne ebbero di dieci, dodici metri di diametro, ma in genere non superarono i due, tre metri, e ve ne furono anche di più piccole.

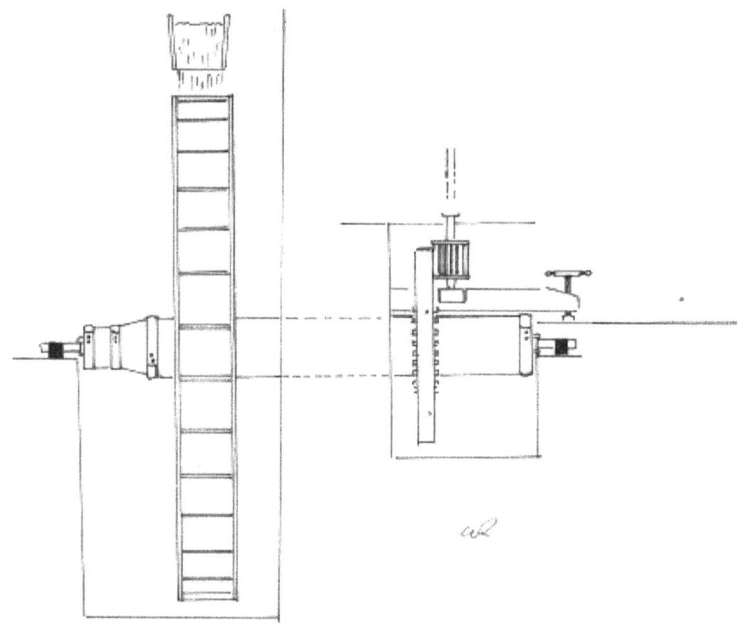

fig. 60 - schema di trasmissione. Ruota da sopra.

La ruota idraulica, in verticale, era all'esterno dell'edificio. Un asse, in legno massiccio, su cui era incastrata la grande ruota, attraverso il muro dell'edificio, trasmetteva il movimento con un rocchetto terminale ad una lanterna incastrata sull'albero di trasmissione della macina. L'asse era appoggiato su due sostegni fissi. La corretta posizione della ruota e dell'asse consentiva di avere il meccanismo in posizione di minimo attrito, in modo che poca acqua era sufficiente a muoverlo.

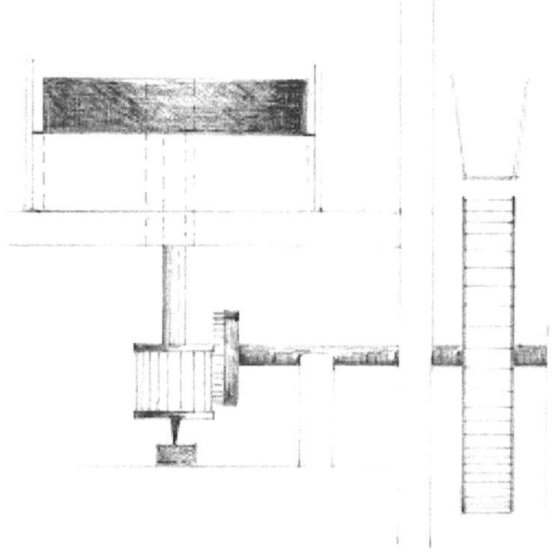

fig. 61 - albero orizzontale.

La trasmissione avveniva ingranando in successione i pioli del rocchetto nei pioli della lanterna.

fig. 62 - lanterna

Moltissime sono le versioni della ruota verticale, ad iniziare dagli usi nel mondo orientale, arabo in particolare.

Le ruote potevano prendere acqua da "sotto" o da "sopra". Nel primo caso le pale erano immerse nella corrente che le spingeva in avanti ma la resa si rivelò scarsa. nel secondo caso l'acqua veniva fatta cadere da sopra sulle palette o dentro le cassette ricavate lungo al corona circolare. Questa applicazione si rivelò più efficace.

La trasmissione del moto avveniva in senso contrario al moto del lubecchio cosicché se il lubecchio girava in senso antiorario la lanterna si muoveva in senso orario e viceversa.

In alcuni mulini c'erano diverse ruote verticali, in posizioni l'una inferiore all'altra: ogni ruota trasmetteva ad una sola macina; in altri casi, più rari, le ruote erano affiancate ed il movimento era trasmesso comunque ad una sola macina. La trasmissione a più macine con un solo albero di distribuzione in legno doveva essere complessa al punto che non se ne trova traccia o testimonianza.

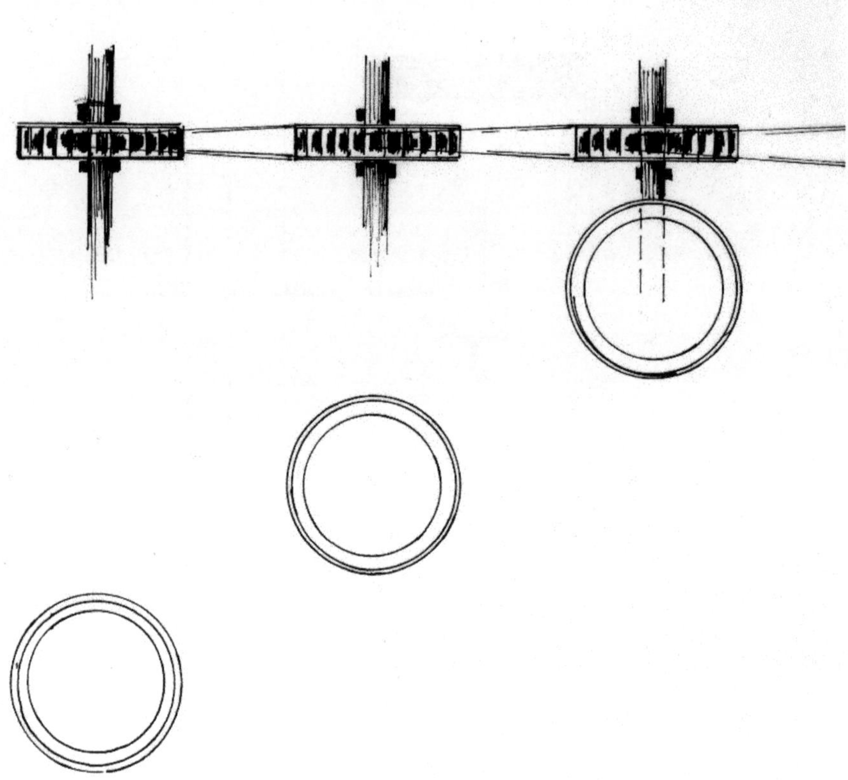

fig. 63 - trasmissione in sequenza

Dalla documentazione, pare che la soluzione venisse trovata a cavallo del XX° secolo: l'asse di legno fu sostituito da una asse in ferro, di 5-6 centimetri di diametro, che poteva esse allungato a piacere legando i tubi con giunti di ferro imbullonati. La ruota esterna scomparve, sostituita da una turbina ed in alcuni casi fu nascosta in un vano sotterraneo e l'acqua vi venne sparata contro con un tubo alimentato dall'alto.

fig. 64 - trasmissione "a frizione"

Sull'alberino delle macine furono applicati degli ingranaggi, ruote coniche ad ingranaggi dritti, che una leva abbassava o alzava sull'ingranaggio applicato all'albero di trasmissione.

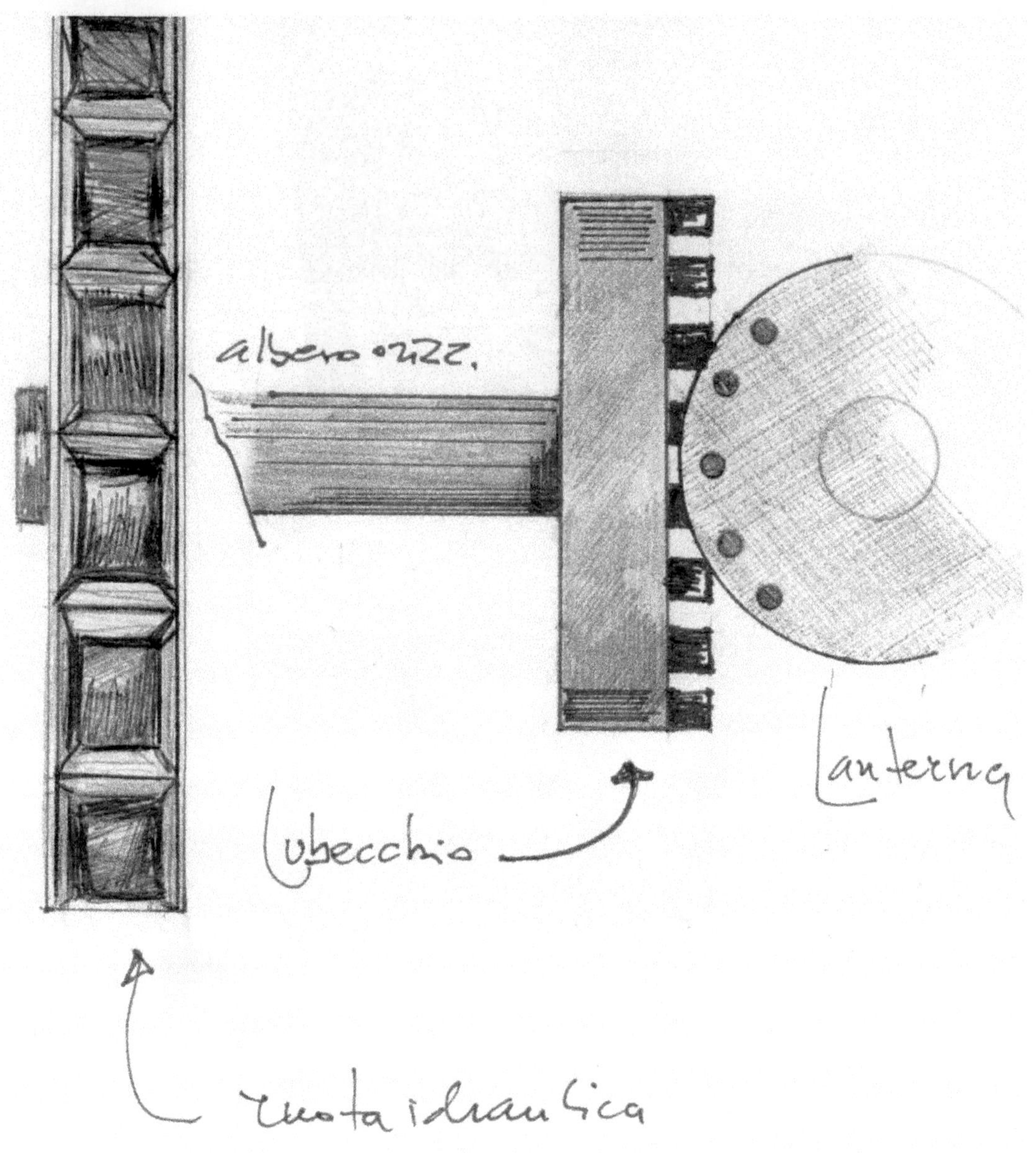

fig. 65 - Lubecchio.

La lanterna era un congegno di legno composto da due dischi tenuti insieme da un numero definito di pioli: l’aspetto era quello di una gabbietta di forma cilindrica.

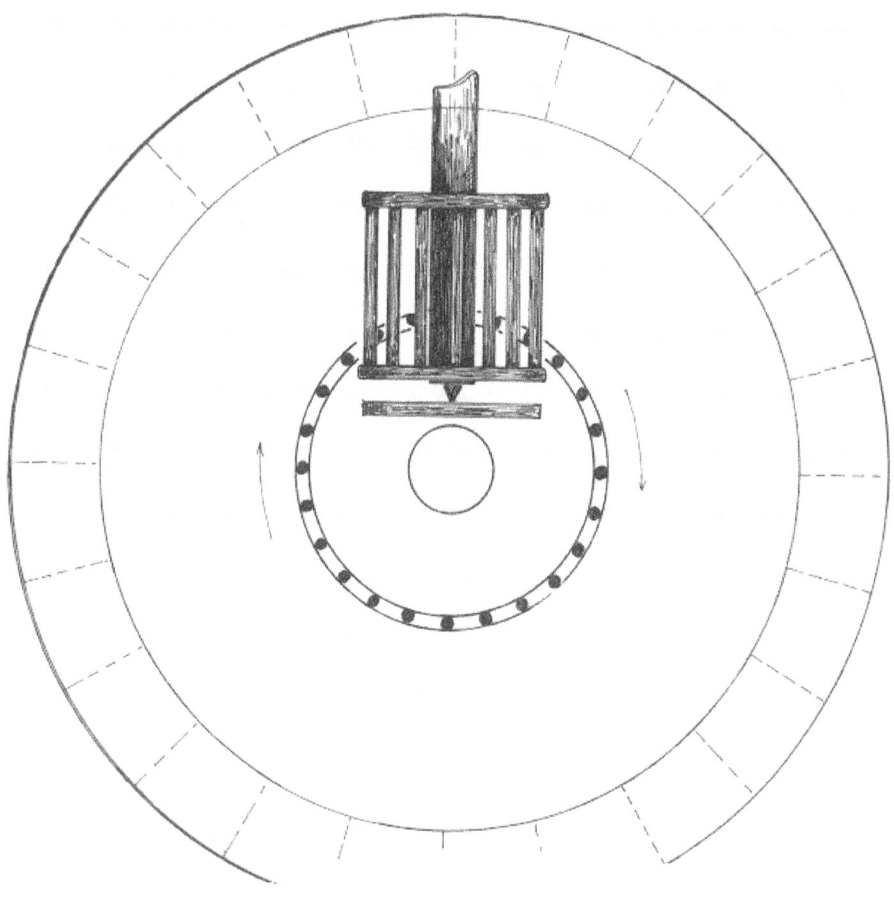

fig. 66 - incastro lubecchio-lanterna.

I pioli della lanterna dovevano catturare nel loro movimento circolare i denti del rocchetto e dunque era necessario che la distanza fra i pioli consentisse precisione e assenza di scosse. I due movimenti avvenivano con un angolo di 90°: il rocchetto girava in verticale e la lanterna girava in orizzontale.

I palmenti furono rialzati di un metro, un metro e mezzo dal pavimento per ricavare spazio all'albero di distribuzione ed ai nuovi ingranaggi. Ne risultò un soppalco a cui fu aggiunta una ringhiera ed una scaletta di accesso.

Nel mulino verticale la canaletta di scolo era il prolungamento naturale della canaletta di adduzione: un solco che veniva ripulito a seconda del bisogno.

Periodicamente le macine dovevano essere smontate e scolpite. La battitura era operazione delicata: era necessario infatti ravvivare l'ordito mantenendo livellata la superficie della macina. Il battitore, perciò, doveva essere dotato di buona professionalità: avere attrezzi ben affilati e un battere regolare e preciso.

fig. 67 - martelli per la battitura delle macine.

Gli attrezzi erano picconcini per ravvivare i solchi e una bocciarda (martello quadro con rilievi a diamante) per mantenere la scabrosità della superficie e approfondire i solchi dei settori.

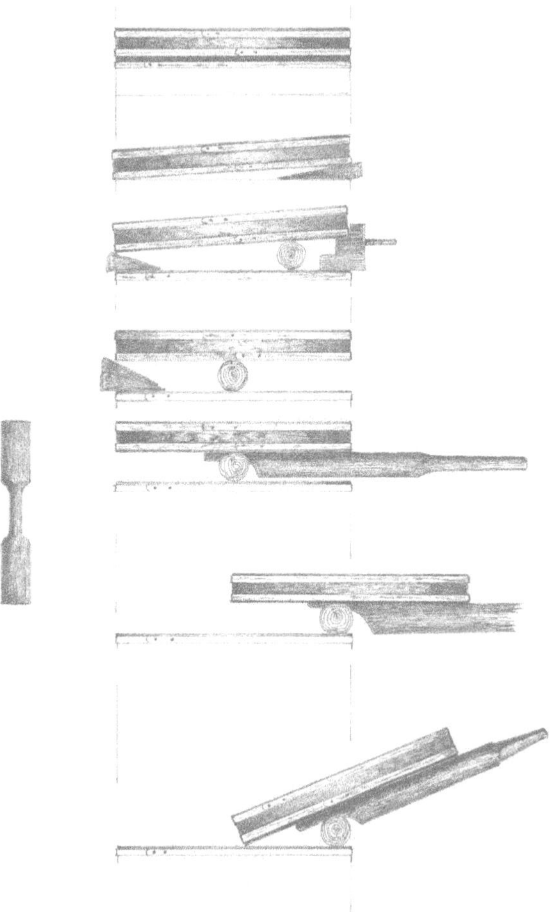

fig. 68 – rimozione macina mobile: sequenza

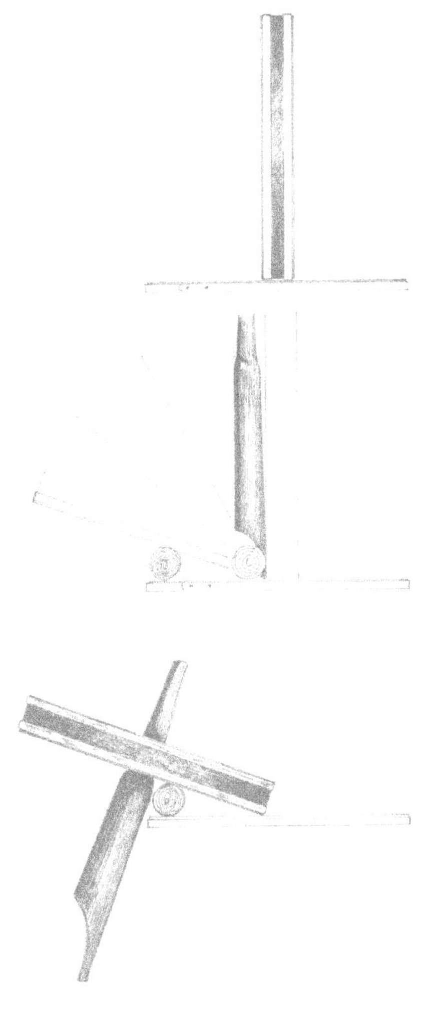

fig. 69 - rimozione macina mobile: sequenza

Per rimuovere le macine si usavano leve e spessori. La macina mobile veniva alzata progressivamente con cunei di legno, poi calzata da una scarpa ad altezza sufficiente ad inserirvi sotto un rullo ed infine con una stanga si spingeva in verticale, si spostava il rullo dalla parte opposta, si reinseriva la stanga e la si lasciava scendere piano piano fino ad appoggiarla su un trespolo di legno, per la battitura.

L'operazione richiedeva allenamento ed una discreta forza fisica.

fig. 70 - macina rovesciata sul trespolo.

L'utilizzo di piccole gru in legno, fissate a fianco dei palmenti, risparmiò la fatica e i rischi che nel muovere la macina se ne perdesse il controllo e si rovinassero.

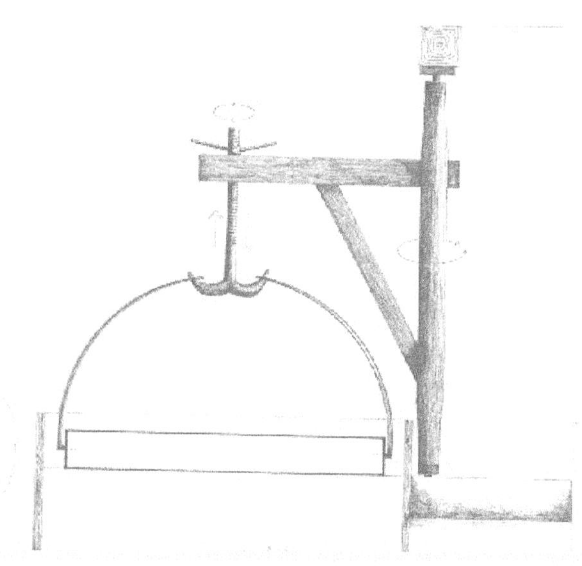

fig. 71 - gru o paranco.

Per evitare che le macine si scheggiassero e per dare maggiore resistenza in fase di lavoro furono cerchiate sopra e sotto (cfr. fig. 77). L'utilità dell'accorgimento era evidente particolarmente durante il rovesciamento della macina mobile per la battitura, con gli attrezzi tradizionali: scarpa, stanga e rullo. L'operazione era di qualche difficoltà per il peso della mola: 6-7 quintali.

fig. 72 - battitura della macina.

Fino alla diffusione del mulino idraulico le mole non ebbero necessità di scanalature per il raffreddamento, anche se storici autorevoli affermano il contrario. Tecnicamente non se ne ravvisa ve ne fosse l'esigenza: la velocità che gli schiavi o gli animali potevano imprimere alle mole nel lavoro era tanto bassa che il riscaldamento delle superfici fu con tutta probabilità trascurabile se non assente. In genere il peso della mola era sufficiente per pestare le granaglie ed in caso di mole aziendali non pare, dalle testimonianze, che il tempo e la velocità rientrassero fra i parametri presi in considerazione dall'economia aziendale. Laddove ve ne fu la necessità si posero all'opera più molini, e più schiavi o animali. Il moto ottenuto era sufficiente ad espellere il macinato o nel caso le piccole mole potevano essere rimosse dalla sede per raccogliere lo sfarinato prodotto.

Il problema si pose, invece, quando con la diffusione dell'energia meccanica, aumentò la velocità delle macine, da 2 giri/secondo ed oltre. La possibilità di macinare una quantità molto maggiore si accompagnò con il rischio di "bruciare" le farine. Fu dunque necessario mettere a punto un modo efficace per sottrarre calore alle superfici macinanti pur mantenendo distanze idonee alla maggior finitura possibile delle farine.

La distanza minima utile fra le due mole fu alla fine trovata (0,30 mm) e la ventilazione venne data con solchi scavati sulle superfici delle due mole, fissa e mobile.

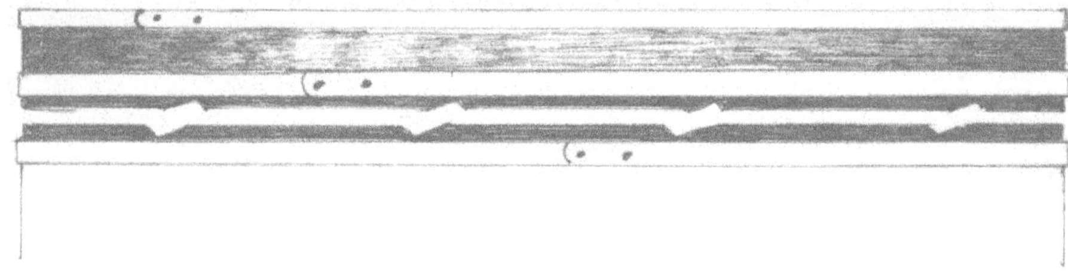

fig. 73 - scanalature : sezione

Fino al 1600 poco si sa, comunque, di come fossero le scanalature, in che numero e di che forma, ma dal 1600 furono usate macine con scanalature elicoidali, dall'occhio alla corona circolare. Queste notizie, accompagnate dai disegni, si trovano nella Enciclopedia di Diderot e D'Alambert. Il numero fu variabile: 6-8-10 scanalature principali ed altri solchi elicoidali "ad libitum" fra l'una e l'altra.

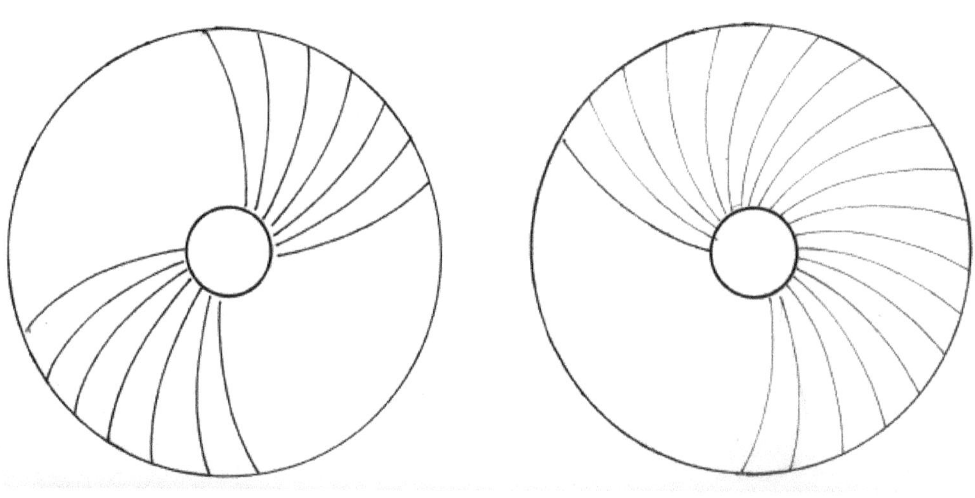

fig. 74 - scanalature elicoidali

Nel 1800, stando alla Storia della Tecnica di Holmyard si passa a scanalature diritte dall'occhio alla corona circolare, tipologia che richiama secondo gli autori precitati, scanalature in uso già presso i Romani. La macina viene ripartita in settori circolari, 10-12 e le scanalature principali sono profonde 1-1,5 cm; le altre scanalature sono profonde qualche millimetro.

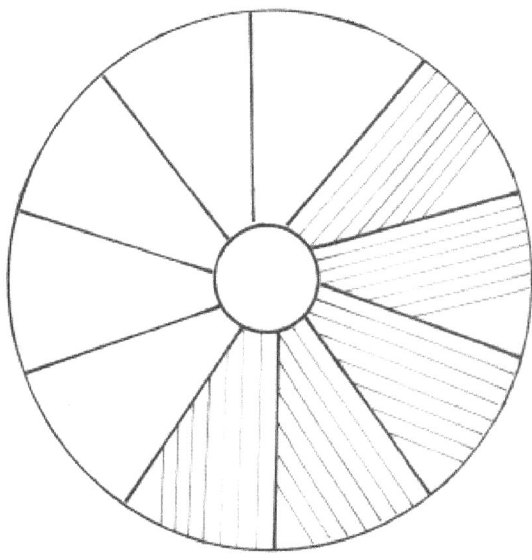

fig. 75 - scanalature diritte

Agli inizi del novecento, infine, le scanalature sono riadattate: restano i settori circolari ma sono inclinati rispetto l'occhio della macina; l'effetto che ne deriva è una somiglianza molto spiccata con il moderno diaframma delle macchine fotografiche

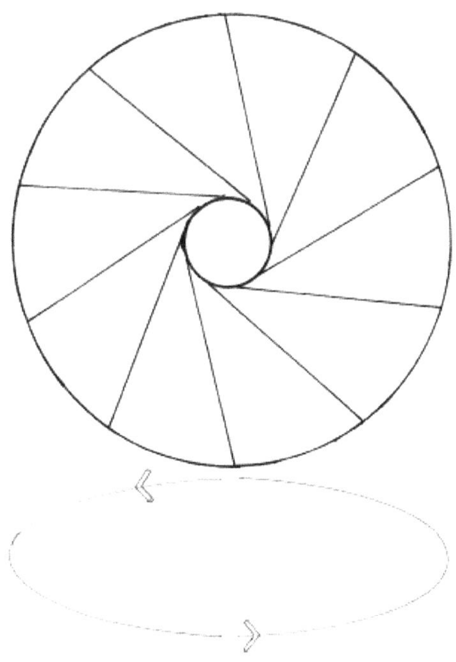

fig. 76 - scanalature inclinate

Il moto rotatorio origina, nell'interstizio delle macine, un cuscinetto d'aria o una turbolenza centrifuga che mantiene ventilate le superfici macinanti e, al contempo tiene sollevata la farina in modo che le scanalature superiori, che girano in senso inverso, possano raccogliere ("sgombrare") la farina nelle scanalature inferiori da cui più agevolmente sono spinte fuori dalle macine.

L'*attrezzatura* del mulino era costituita da un *verricello* appena oltre la porta d'ingresso, per alzare i sacchi e pesarli senza caricarseli sulle spalle; una *stadera* provvista di un gancio superiore ed uno inferiore: il gancio superiore veniva infilato al verricello e il gancio inferiore nella legatura del sacco. Il *romano*, peso o tara, veniva fatto scorrere sull'asta fino ad ottenere l'equilibrio della stadera, la tacca su cui si raggiungeva l'equilibrio dava il peso del sacco. Attaccati al muro alcuni *setacci* a maglie diverse, per le diverse granaglie.

Le **misure** (Bigoncio, staio, quartarola, ecc.) a portata di mano.

fig. 77 - vagli

fig. 78 - verricello

fig. 79 - stadera

fig. 80 - palette

I mulini nel castiglionese

Il mulino ad acqua, il tipo a ruota orizzontale, è una delle testimonianze a più antica origine fra quelle presenti ed ancora leggibili sul territorio.

La sua struttura risale al II° secolo a. C., o forse ad epoca precedente. Vitruvio Pollione (I° sec a.C.) nel "*De Architectura*" descrive il più noto mulino a ruota verticale, esterna all'opificio. Del mulino a ruota orizzontale, posta sotto il vano di macinazione, ne parla come di tecnica nota da più tempo.

Dei molti mulini (forse 20) presenti in tempi diversi lungo i corsi d'acqua in territorio castiglionese uno solo, noto agli inizi del XVIII secolo come "Molino di Tognetto" sul rio Molino in Baragazza, risulta aver avuto la ruota verticale; tutti i restanti furono a ruota orizzontale. Dismesso e trasformato in residenza il mulino di Tognetto, sopra la strada provinciale, sotto la stessa resta non ancora molto manomesso nella struttura il mulino del Rotone che agli inizi del 1900 sostituì il primo adottandone la ruota verticale, poi sostituita da una più efficiente turbina in metallo.

Legno, pietra, ferro furono i materiali usati, in modo pressoché esclusivo: il che obbligò i mugnai a farsi artigiani polivalenti in grado di garantire il funzionamento e l'ordinaria manutenzione di tutte le componenti tecniche dell'opificio.

I mulini utilizzano le acque di torrenti (Setta, Brasimone, Gambellato), di rii (D'Avena, Molino, Fobbio), e di fossi (Protabio, S.Giacomo, della Chiesa Vecchia). Almeno la metà di tali opifici idraulici sono attestati a partire dal Cinque-Seicento. Sono stati in genere a conduzione diretta: le famiglie si sono susseguite di generazione in generazione tanto che alcuni mulini prendono la denominazione dal nome o dal cognome o dal soprannome, oltre ché dal luogo o dal fosso su cui sono costruiti. Ma non mancarono casi di gestori in affitto, o forse a mezzadria, che si spostavano da un mulino all'altro: indice di una complessità di categoria che registrava possidenti e nulla tenenti.

Attualmente* i mulini idraulici del territorio hanno cessato l'attività per il pubblico, molti sono stati riadattati ad abitazione civile riempiendo la botte di carico per ricavarne una superficie piana, altri sono andati in rovina o sono stati distrutti da eventi bellici o da altre cause, solo pochissimi potrebbero ancora svolgere qualche attività a carattere familiare od hobbistico, tra cui il molino del Rosso, l'ultimo in ordine di tempo a cessare la propria attività. Quasi tutti hanno, via via, subito interventi di restauro o rifacimento, al di fuori di qualunque criterio storico-filologico. In genere, i PPRRGG dei comuni hanno considerato i mulini idraulici soltanto come costruzioni agricole.

---

* *La data di riferimento per la consistenza iniziale è stata individuata nel 1934, per la quale si hanno a disposizione dati della cartografia IGM e del catasto terreni.*

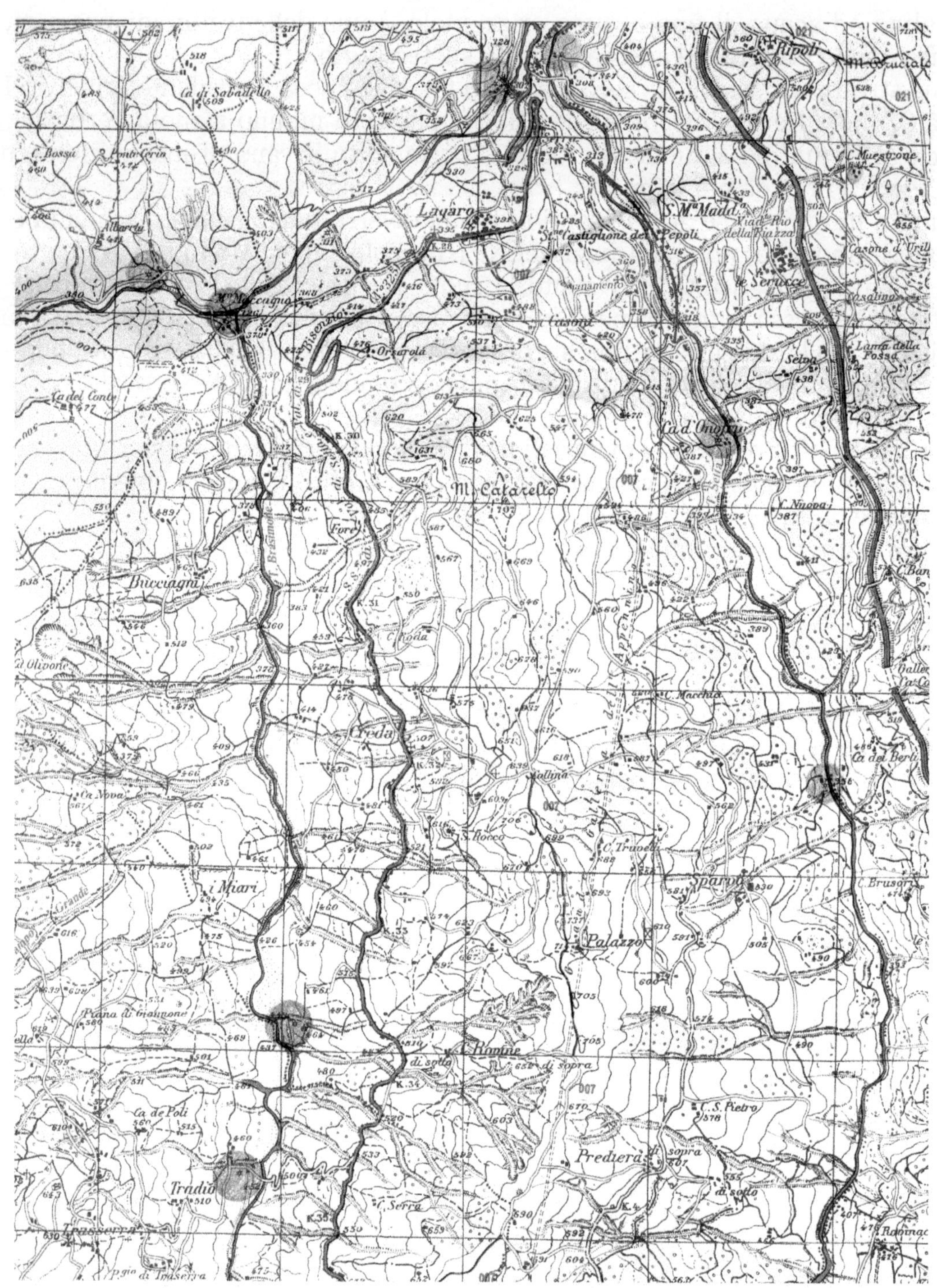
Ca di Sabadello
C. Bossù
Ponte Cerin
Albereta
Lagaro
Ripoli
S. Castiglione dei Pepoli
S. M.a Madd.a
Cà d'Onofrio
Selva
Lama della Fossa
M. Catarello
Bucciagni
Forè
C. Roda
Creda
Ca Nova
Ca del Conte
S. Rocco
C. Macchia
Ca dei Berti
Collina
C. Trunelli
Sparvo
C. Brusori
i Miari
Palazzo
Piana di Giannone
Ca de Poli
Tradio
Rovine
C. S. Pietro
Predtera
K. 31
K. 32
K. 34
K. 35
K. 36
Serra
P.gio di Traserra
Traserra
Cassone d'Urill
Brasimone

Castiglione
dei Pepoli
Lagaro
C. Moricce
C. Oppeda
C. Fontanelle
Badia Nuova
La Rossa
C. Peri
Badia Vecchia
P.gio Curiella
Cavanicce
Chiesa Vecchia
Ca di Berri
C. Setta
P.gio Sospara
P.gio Castello
Monte
Baragazza
Spiaggia
Bagucci
la Serra
la Castagnaccia
C. Acquaiola
M. CORONCINA
La Ca
Rasona
La Storaia
la Faggeta
C. del Tronale
Piano dei Prataret
la Schiappa
il Cavannone del Tronale

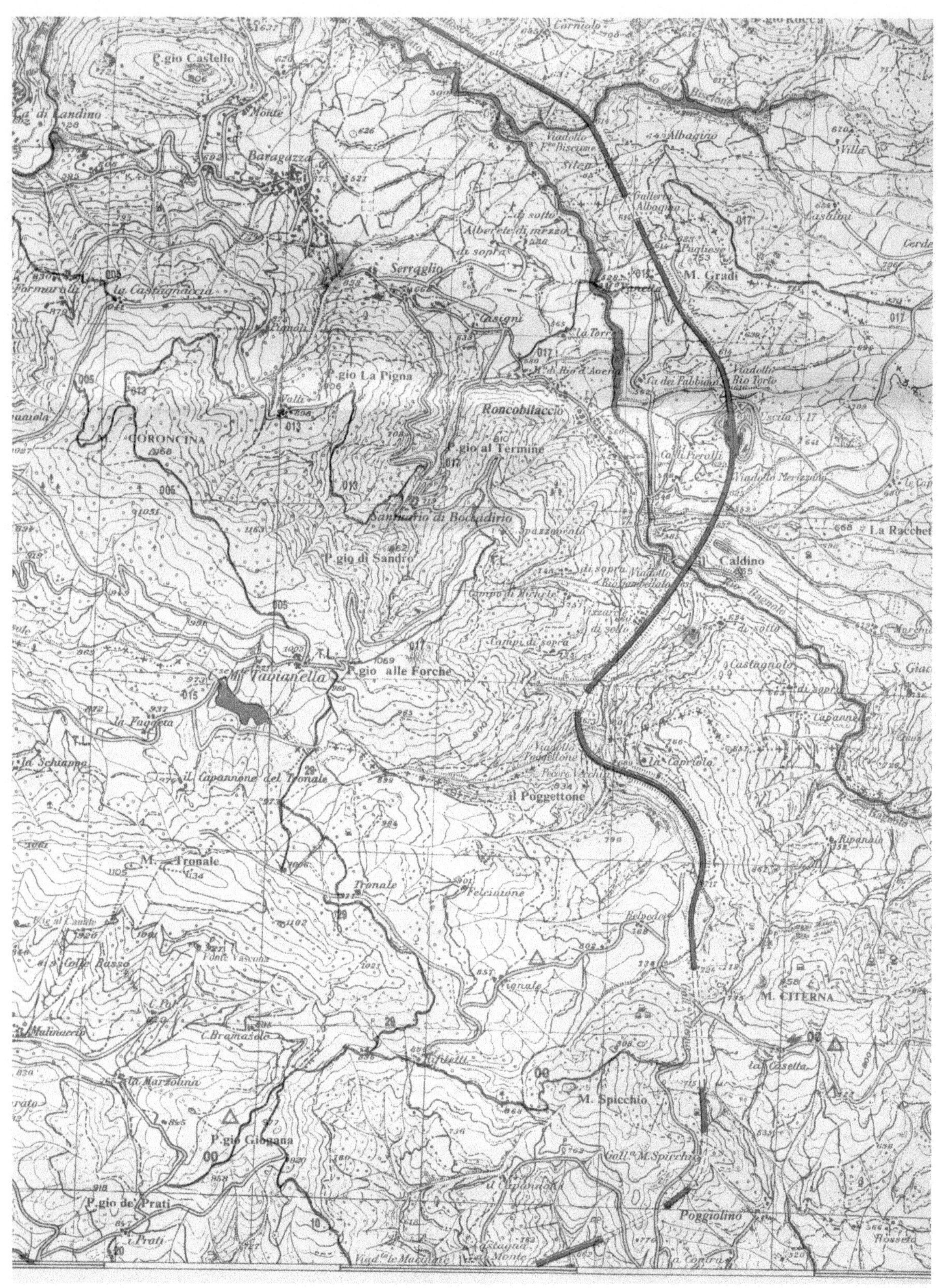
P.gio Castello
Baragazza
Serraglio
la Castagnaccia
P.gio La Pigna
Roncobilaccio
CORONCINA
P.gio al Termine
Santuario di Boccadirio
P.gio di Sandro
Albagino
M. Gradi
Caldino
La Racchet
Castagnolo
P.gio alle Forche
la Faggeta
il Capannone del Tronale
il Poggettone
M. Tronale
Tronale
Felcinione
Colle Rossa
C.Bramasole
la Marzolina
P.gio Giogana
P.gio de' Prati
M. Spicchio
M. CITERNA
Poggiolino

1

Castiglione dei Pepoli - molino di S. Giacomo

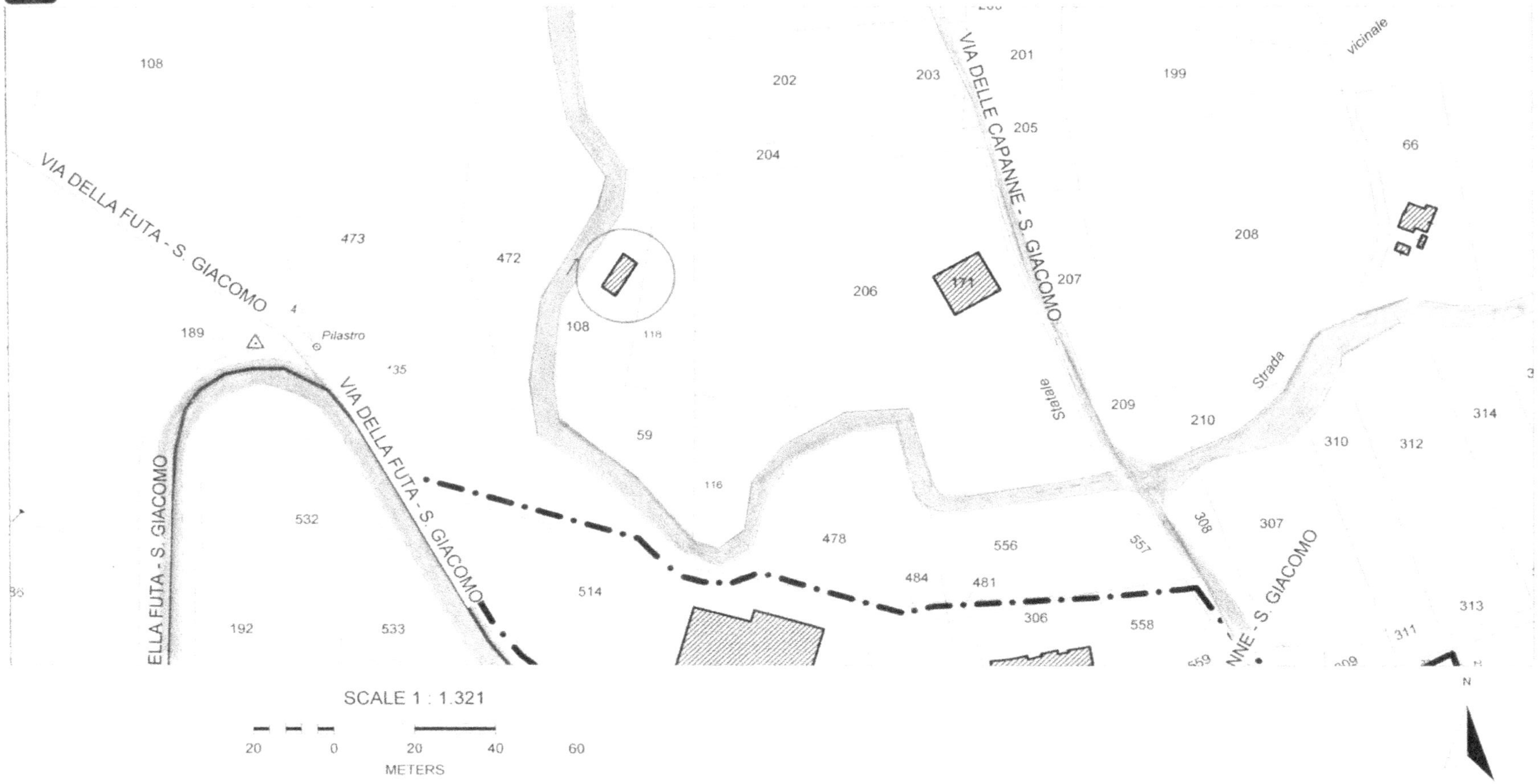

VIA DELLA FUTA - S. GIACOMO

VIA DELLE CAPANNE - S. GIACOMO

Strada Statale

Strada vicinale

Pilastro

SCALE 1 : 1.321

20 0 20 40 60

METERS

N

2

Castiglione dei Pepoli - molino di Castagnolo

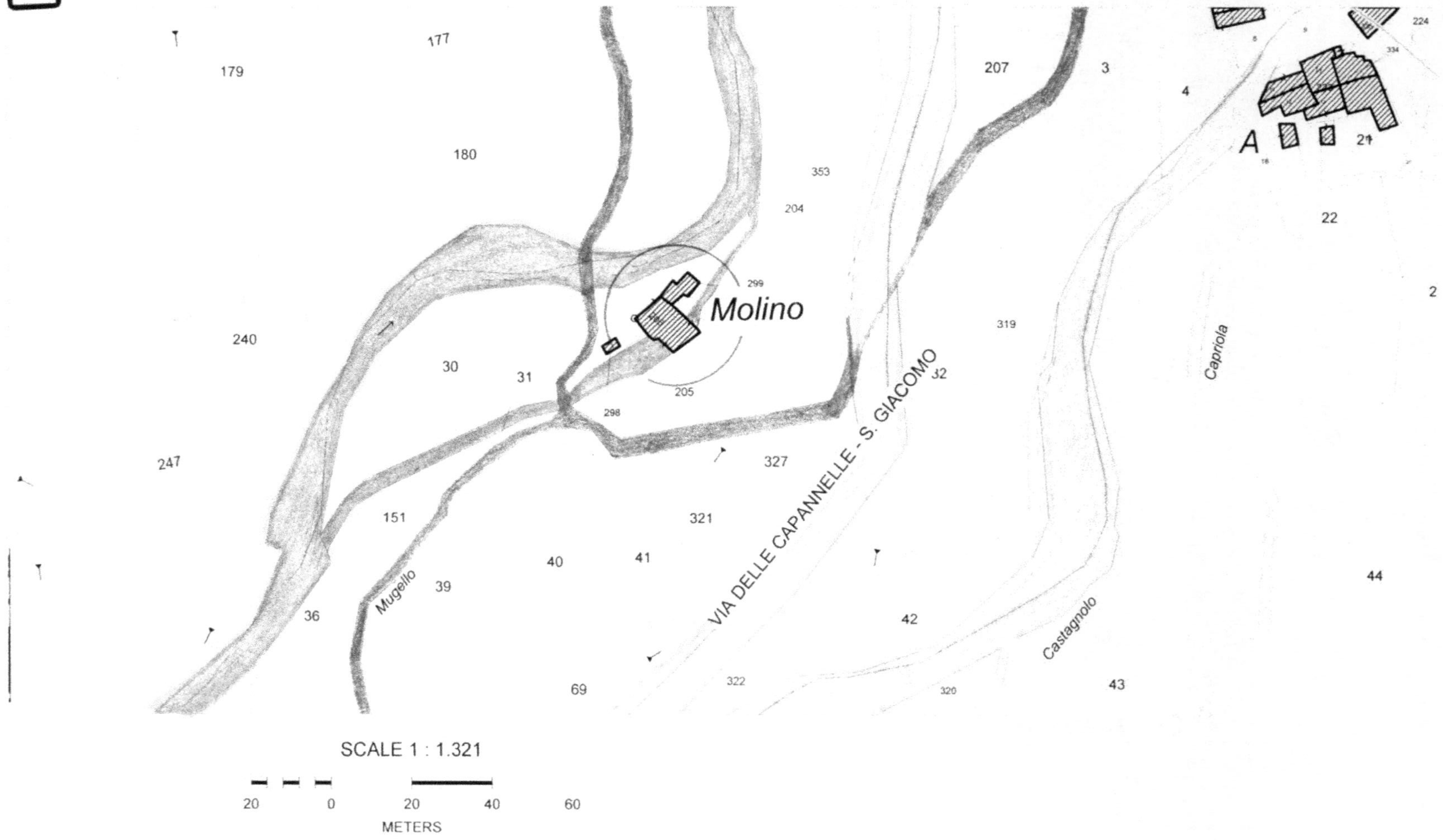

Molino
VIA DELLE CAPANNELLE - S. GIACOMO
Mugello
Castagnolo
Capriola
A
179
177
180
240
247
30
31
151
36
39
40
41
69
207
3
4
22
2
44
43
42
319
320
322
321
327
353
204
299
205
298
224
SCALE 1 : 1.321
20 0 20 40 60
METERS

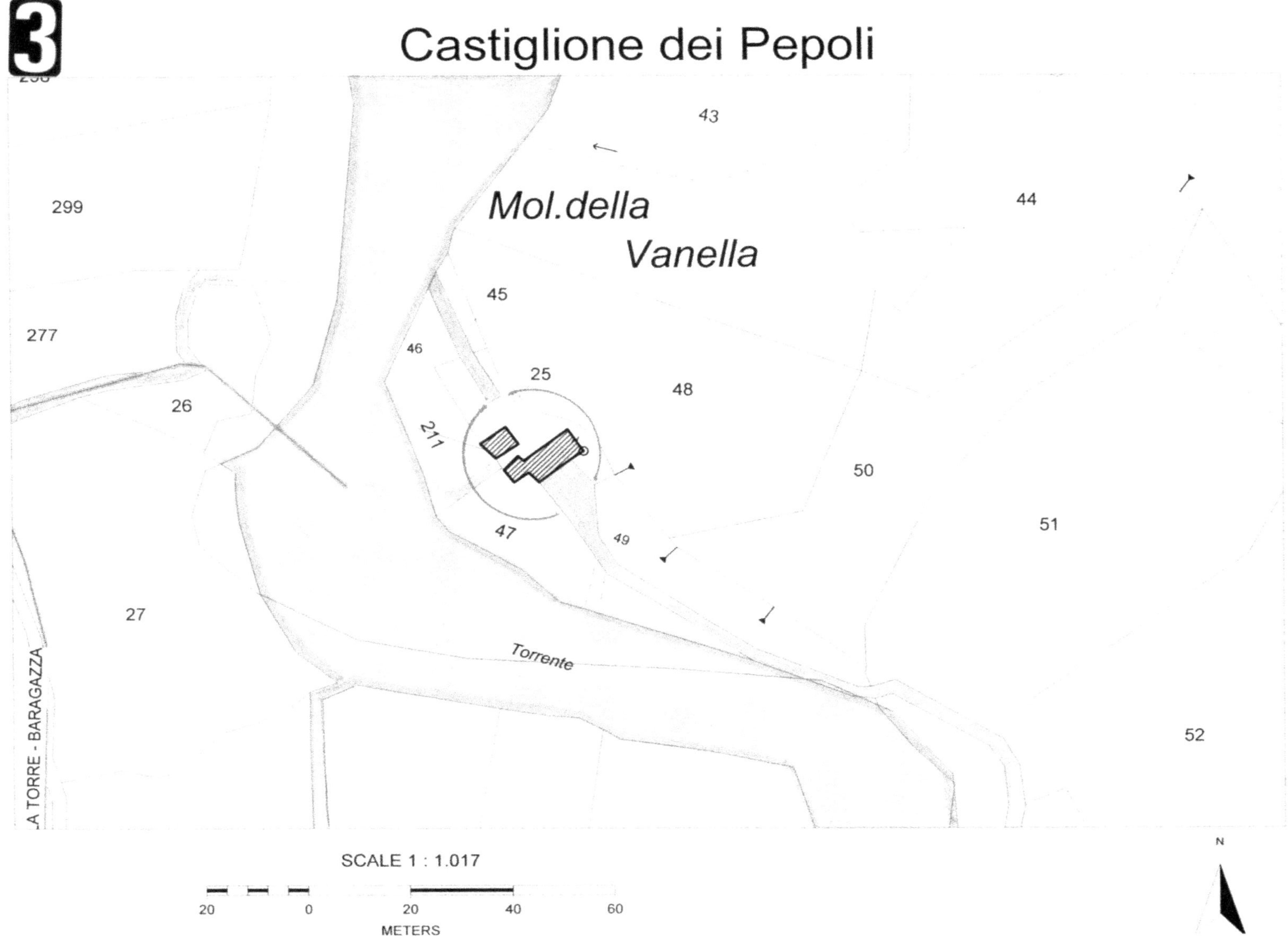
3
Castiglione dei Pepoli
43
299
Mol.della
Vanella
44
45
277
46
25
48
26
211
50
47
49
51
27
Torrente
A TORRE - BARAGAZZA
52
SCALE 1 : 1.017
20
0
20
40
60
METERS
N

4 Castiglione dei Pepoli - Molino d'Avena

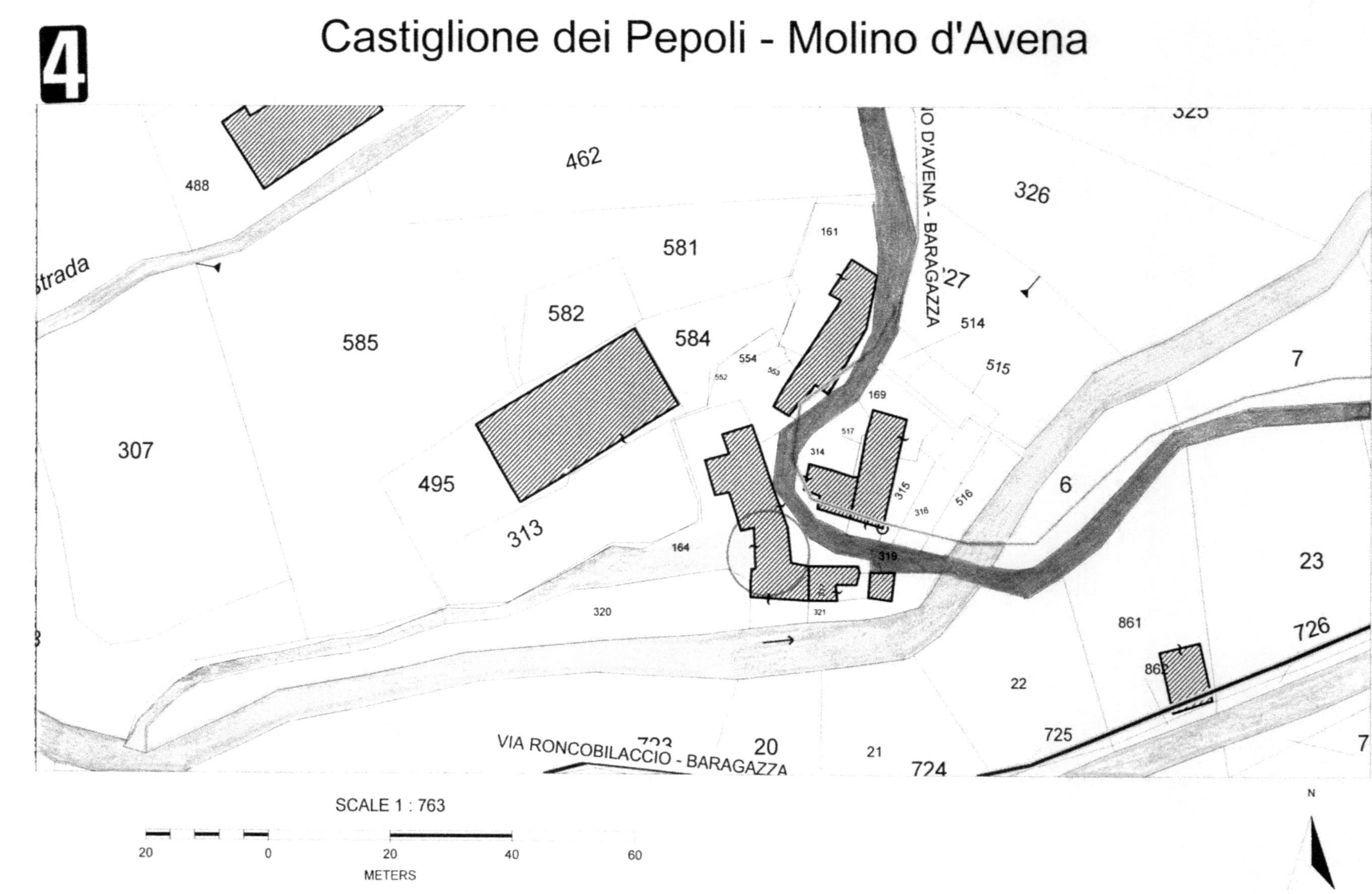

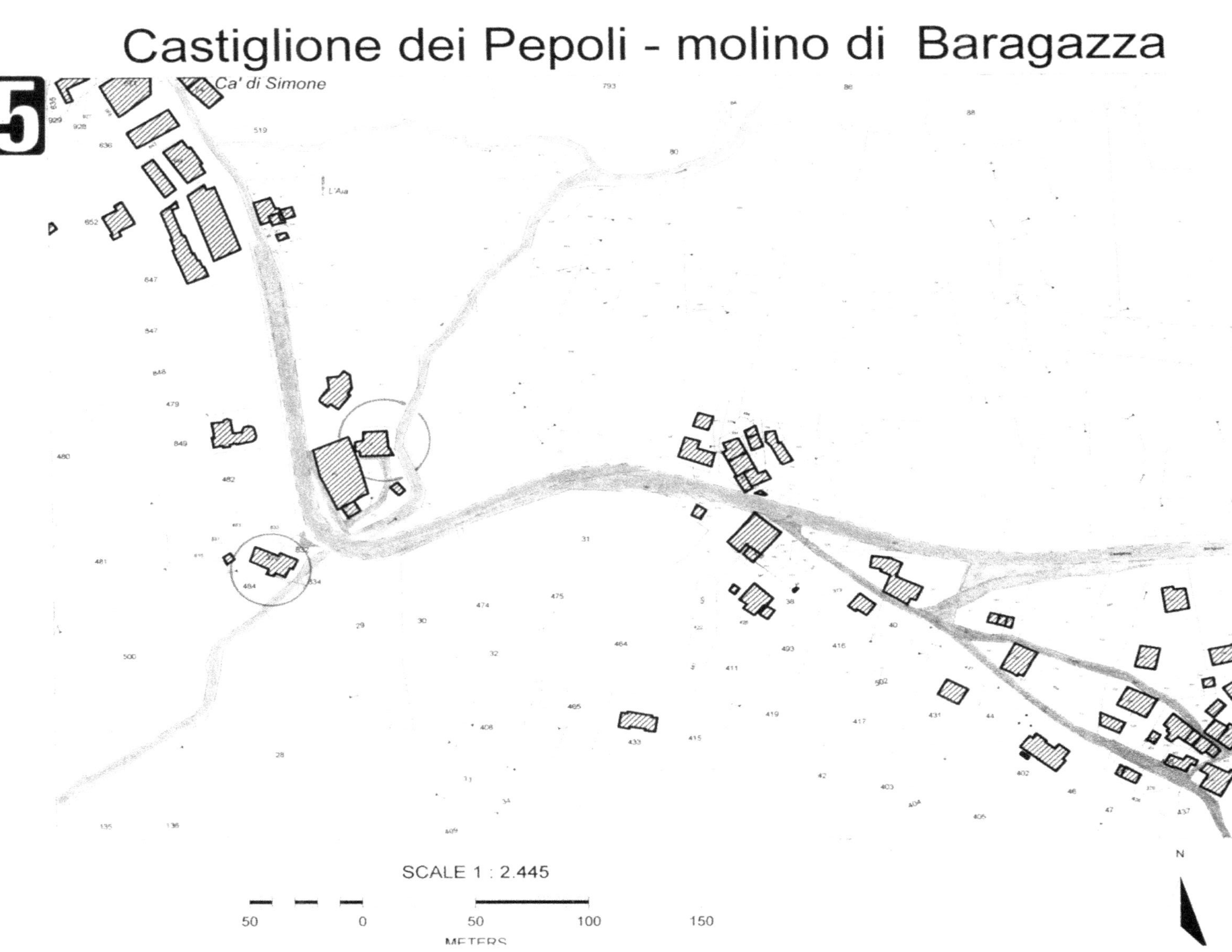
5
Castiglione dei Pepoli - molino di Baragazza
Ca' di Simone
SCALE 1 : 2.445
50
0
50
100
150
N

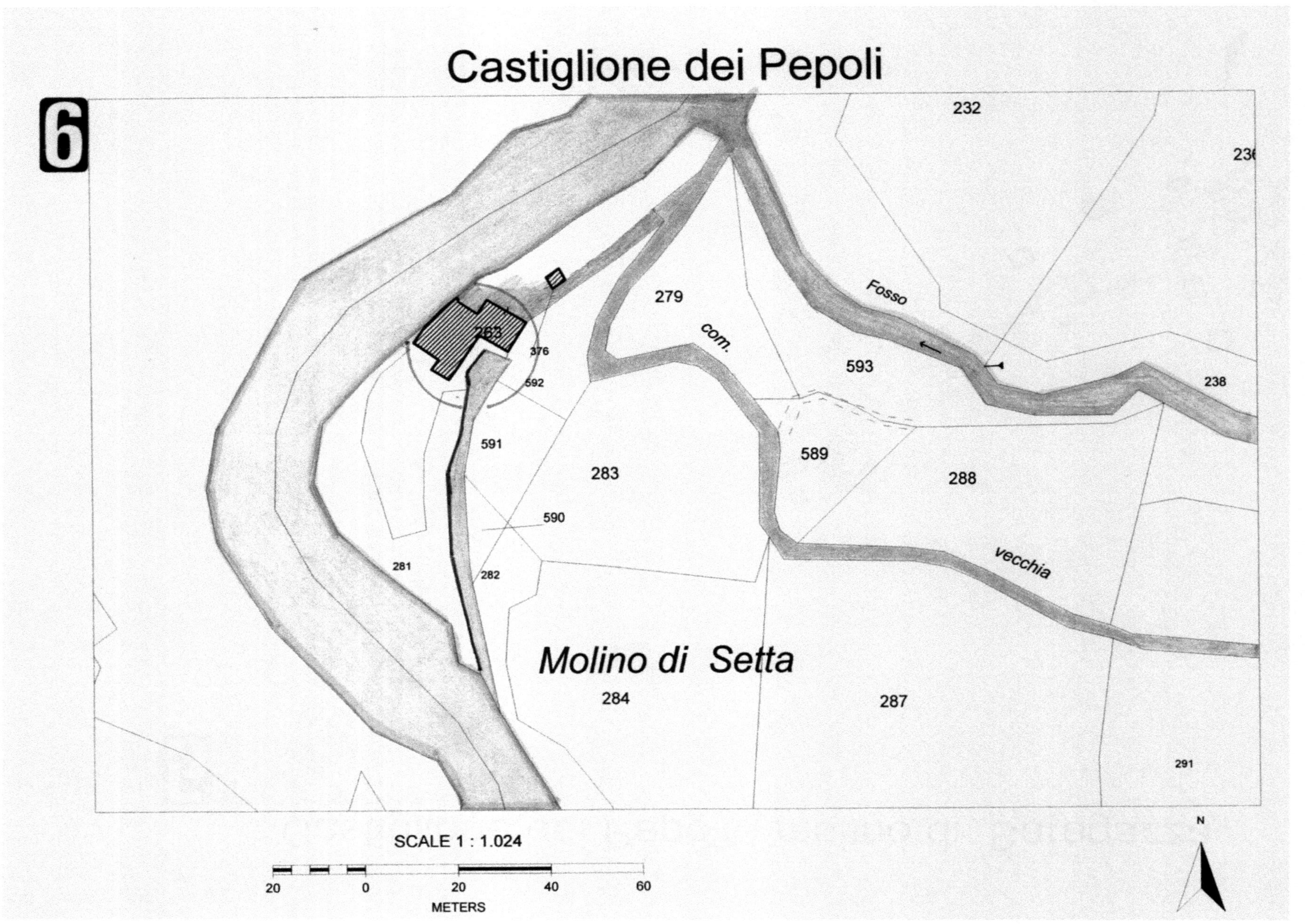

6
Castiglione dei Pepoli
232
238
279
com.
Fosso
593
263
376
592
591
589
283
288
590
vecchia
281
282
Molino di Setta
284
287
291
SCALE 1 : 1.024
20 0 20 40 60
METERS
N

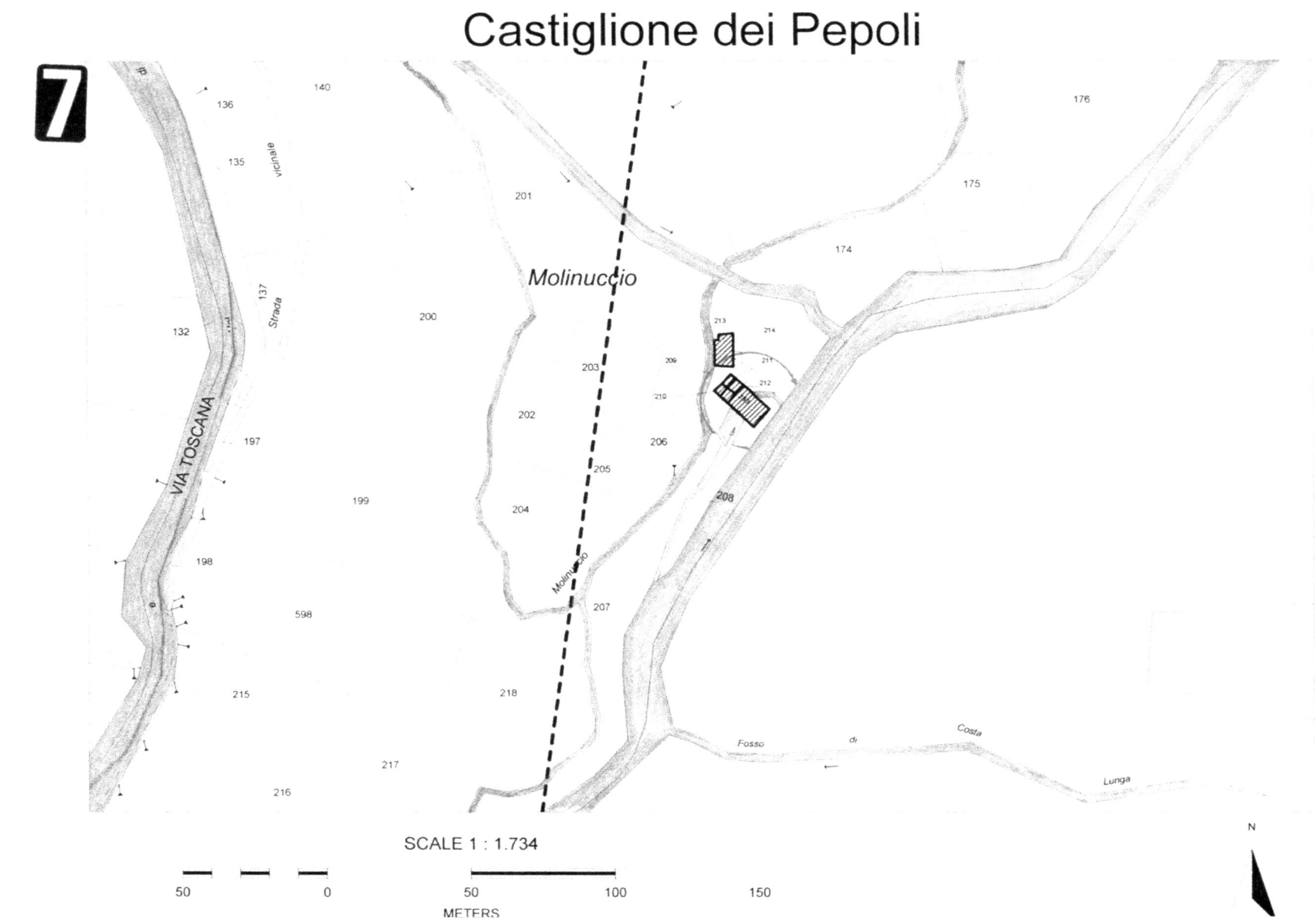
Castiglione dei Pepoli
7
VIA TOSCANA
Strada vicinale
Molinuccio
Fosso di Costa Lunga
SCALE 1 : 1.734
50 0 50 100 150
METERS
N

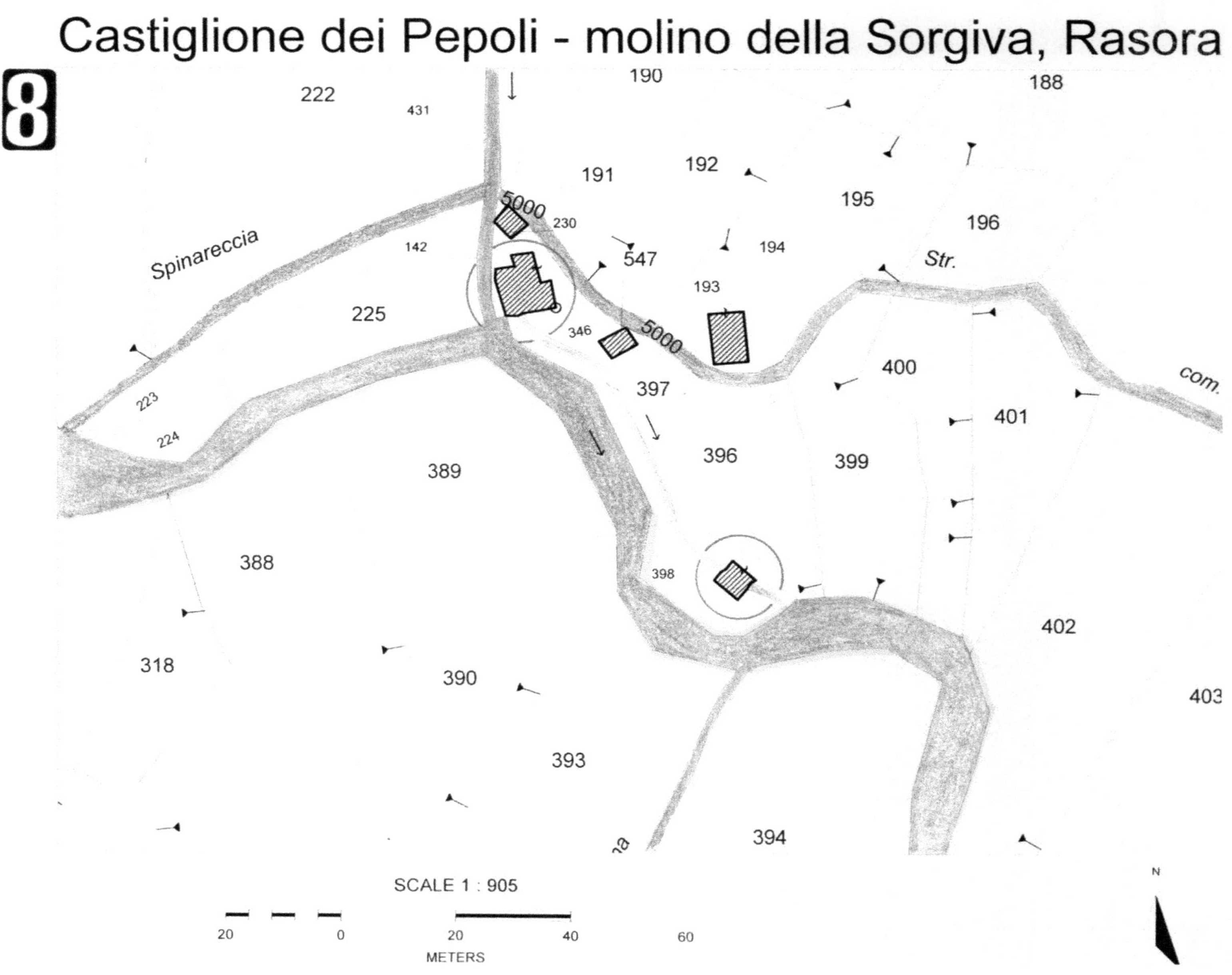
8
Castiglione dei Pepoli - molino della Sorgiva, Rasora
222
431
190
188
191
192
195
196
Spinareccia
142
5000
230
547
194
Str.
193
225
346
5000
400
com.
397
401
223
224
396
399
389
388
398
402
318
390
403
393
394
SCALE 1 : 905
20
0
20
40
60
METERS
N

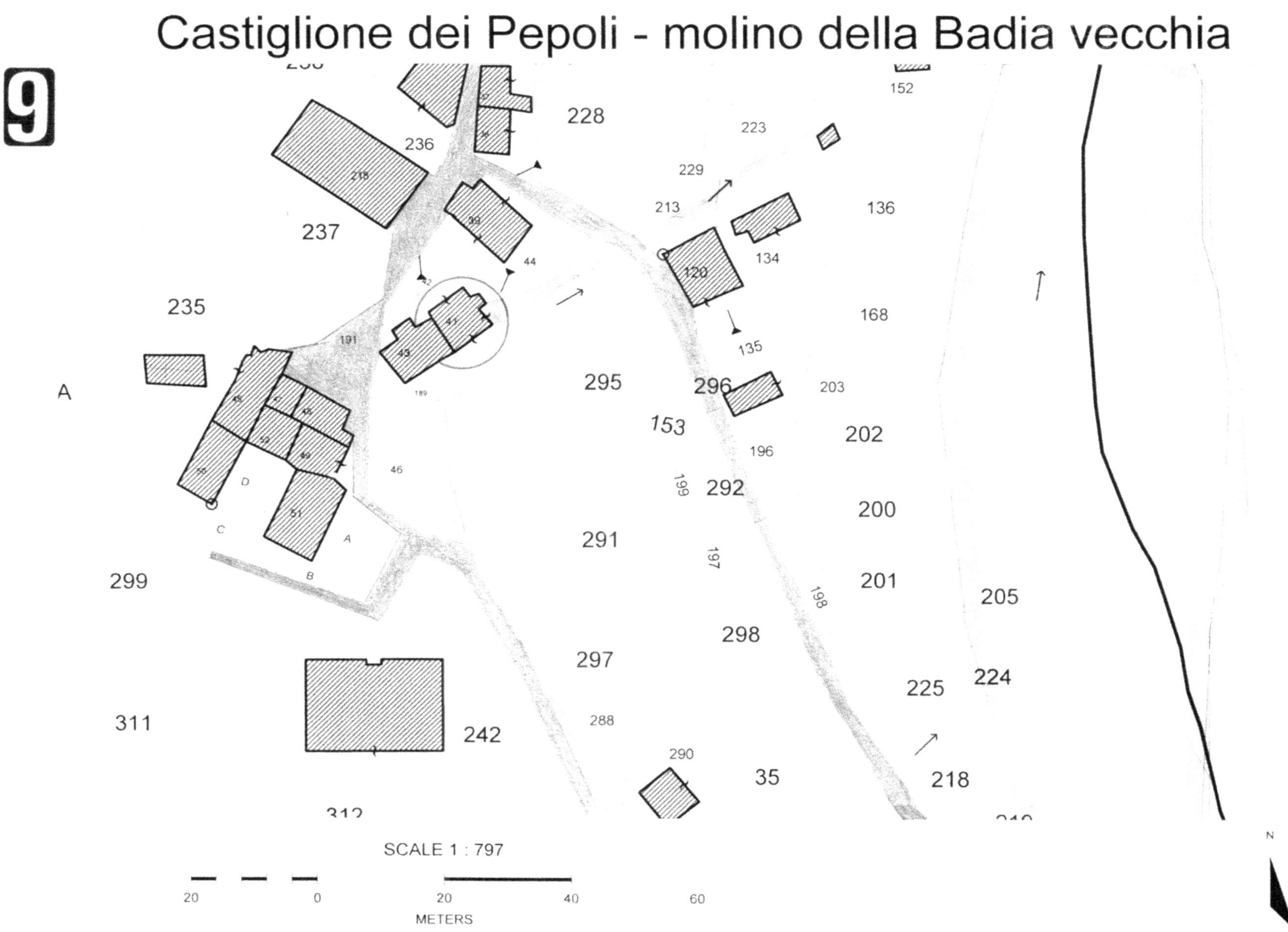
9
Castiglione dei Pepoli - molino della Badia vecchia
228
236
237
235
A
299
311
242
295
296
153
292
291
297
298
35
136
168
202
200
201
205
224
225
218
SCALE 1 : 797
20
0
20
40
60
METERS
N

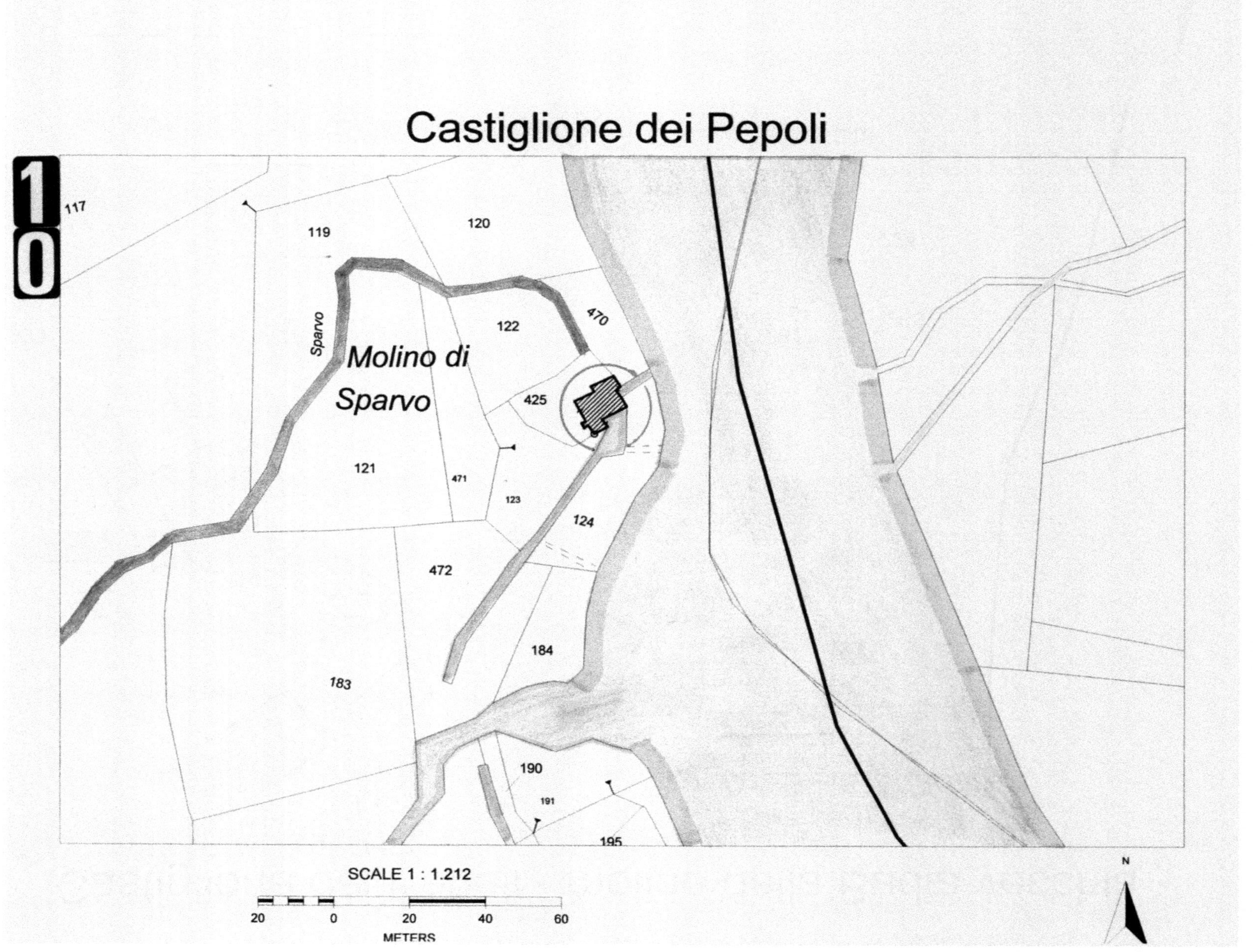
Castiglione dei Pepoli
10
117
119
120
Sparvo
Molino di
Sparvo
122
470
425
121
471
123
124
472
184
183
190
191
195
SCALE 1 : 1.212
20
0
20
40
60
METERS
N

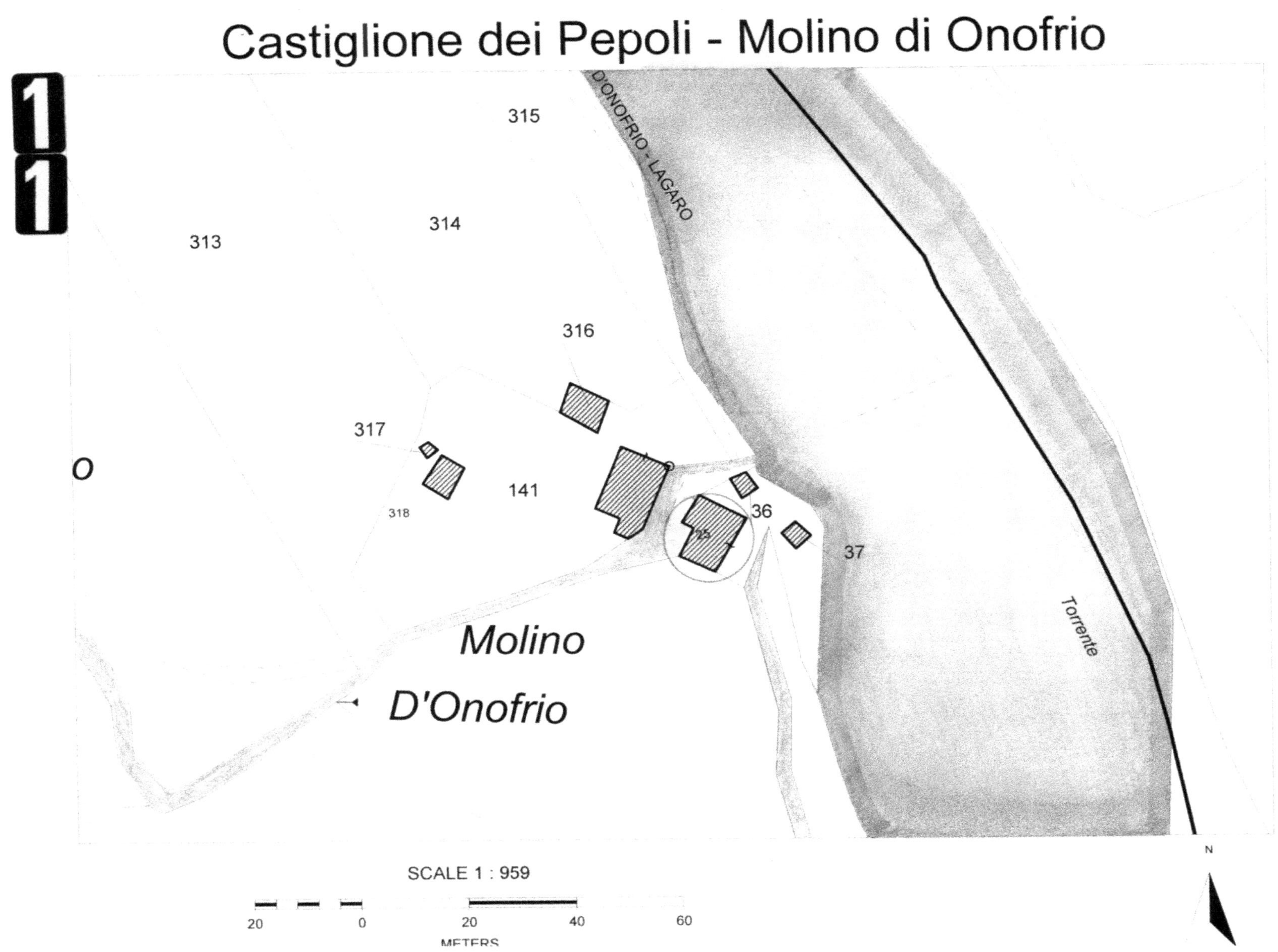

Castiglione dei Pepoli - Molino di Onofrio
1
1
315
D'ONOFRIO - LAGARO
313
314
316
317
O
141
318
36
37
Torrente
Molino
D'Onofrio
N
SCALE 1 : 959
20
0
20
40
60

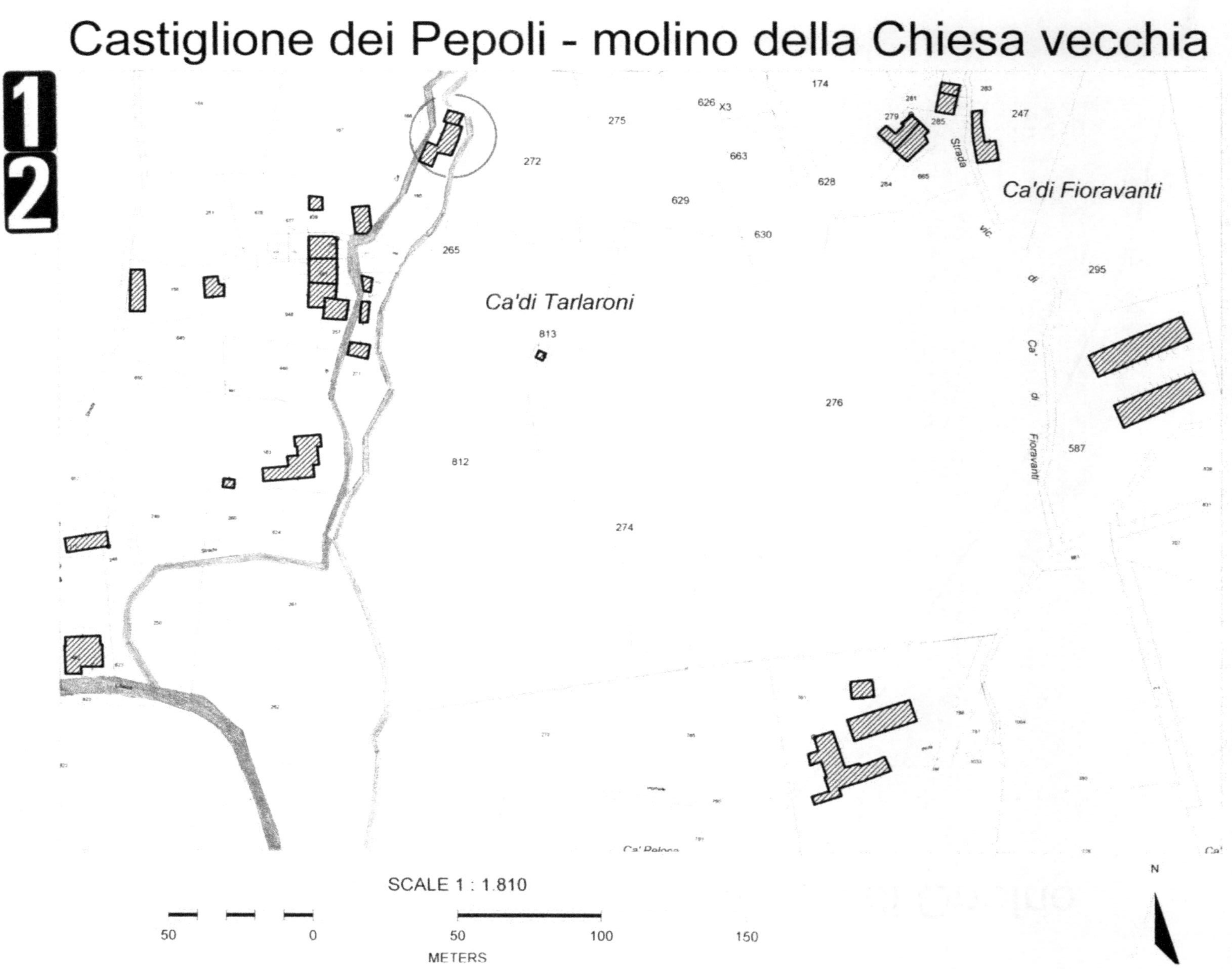

12
Castiglione dei Pepoli - molino della Chiesa vecchia
Ca'di Fioravanti
Ca'di Tarlaroni
Strada
Ca' di Fioravanti
SCALE 1 : 1.810
50 0 50 100 150
METERS
N

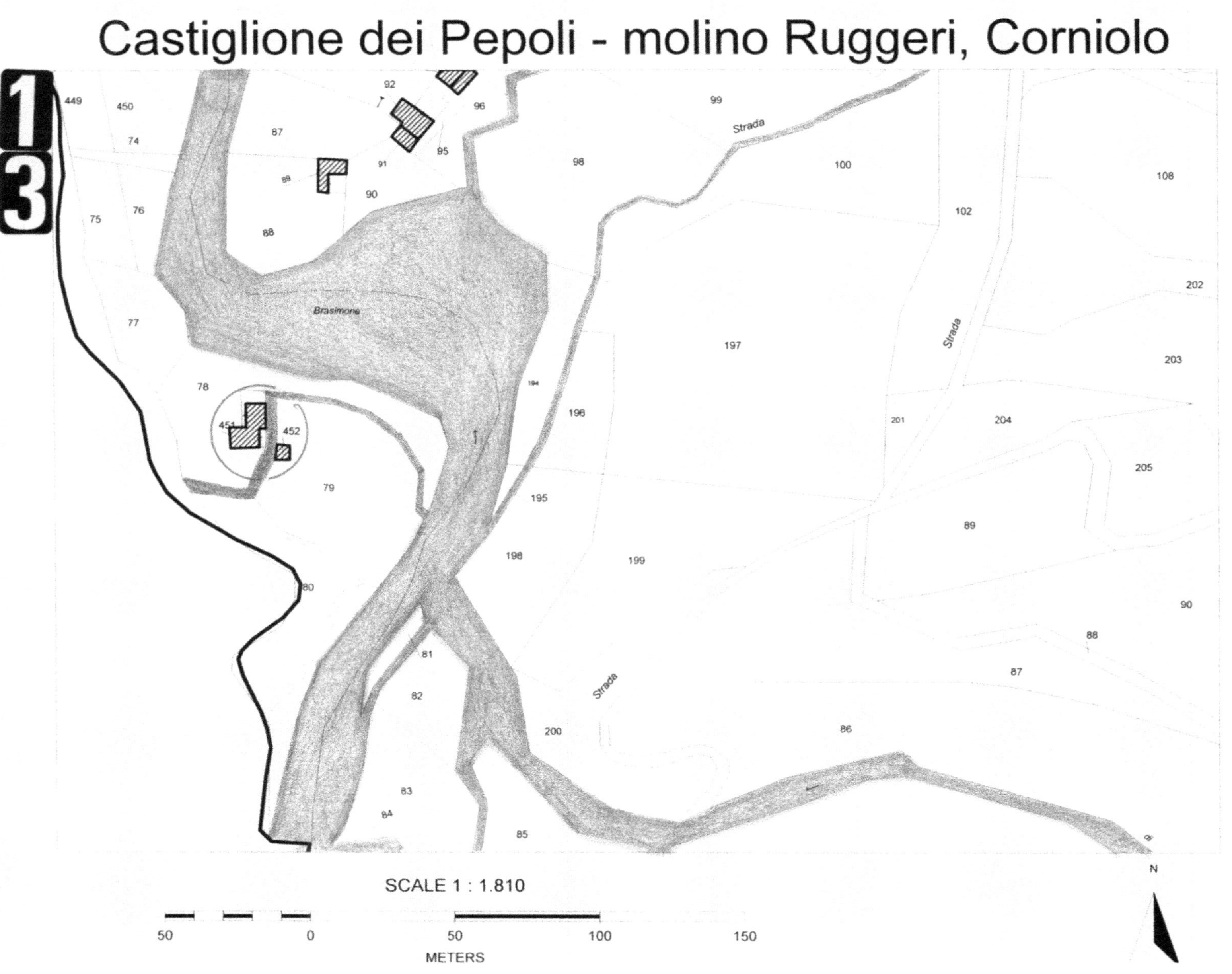
Castiglione dei Pepoli - molino Ruggeri, Corniolo
13
Strada
Strada
Strada
Brasimone
N
SCALE 1 : 1.810
50 0 50 100 150
METERS

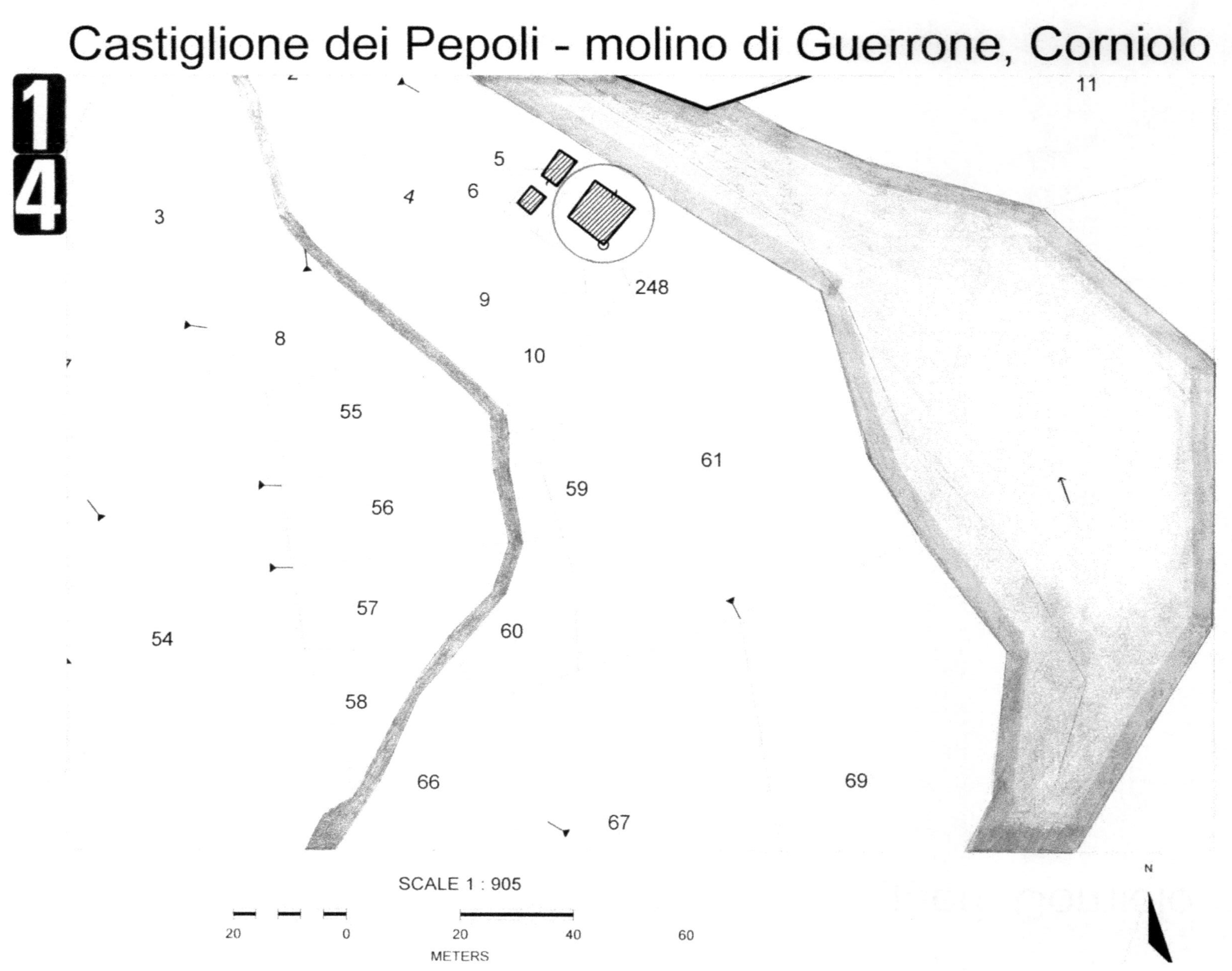
14
Castiglione dei Pepoli - molino di Guerrone, Corniolo
11
5
6
4
3
248
9
8
10
55
61
59
56
57
60
54
58
66
69
67
SCALE 1 : 905
20
0
20
40
60
METERS
N

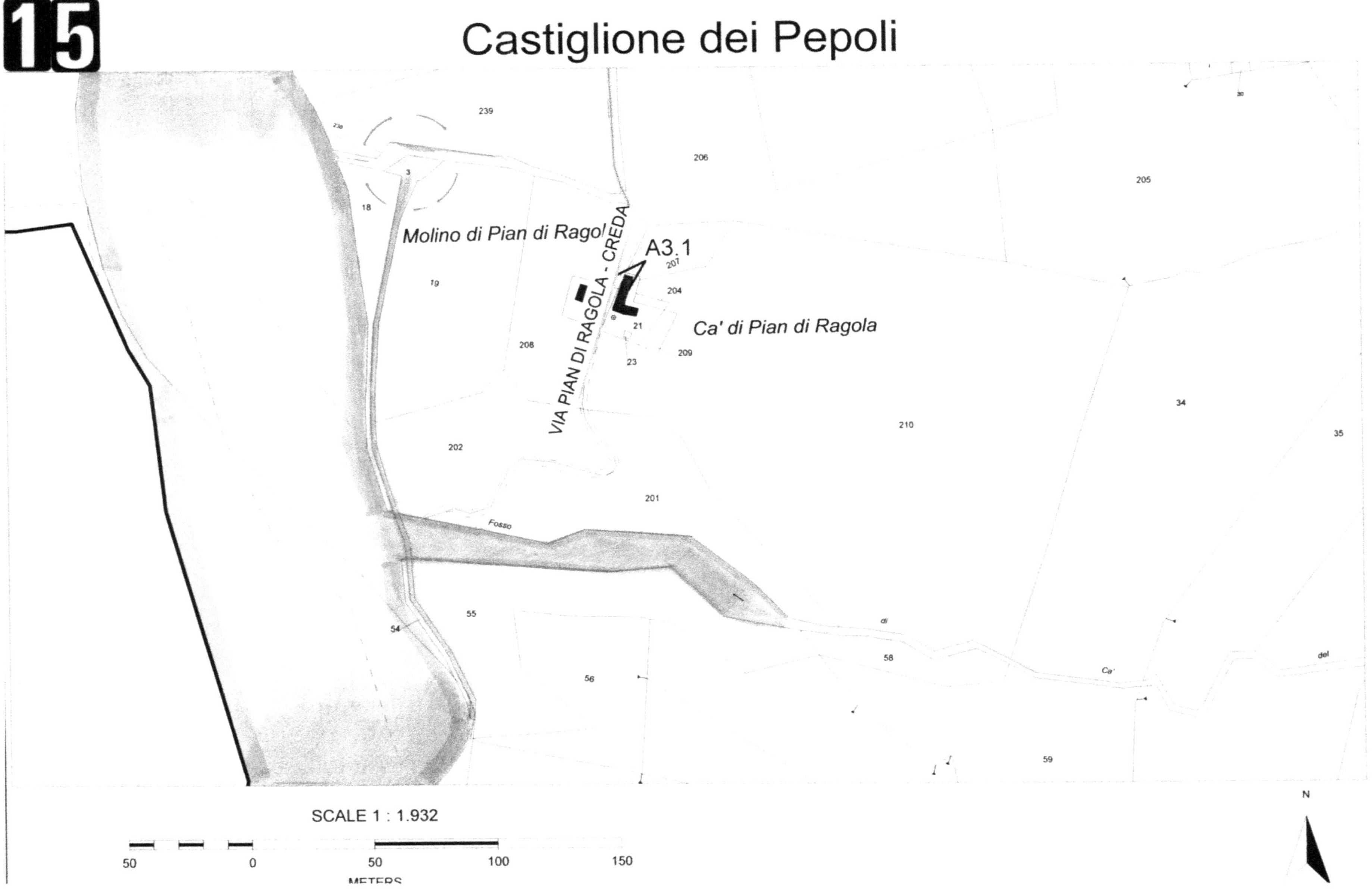
15
Castiglione dei Pepoli
Molino di Pian di Ragol
VIA PIAN DI RAGOLA - CREDA
A3.1
Ca' di Pian di Ragola
Fosso
SCALE 1 : 1.932
50
0
50
100
150
N

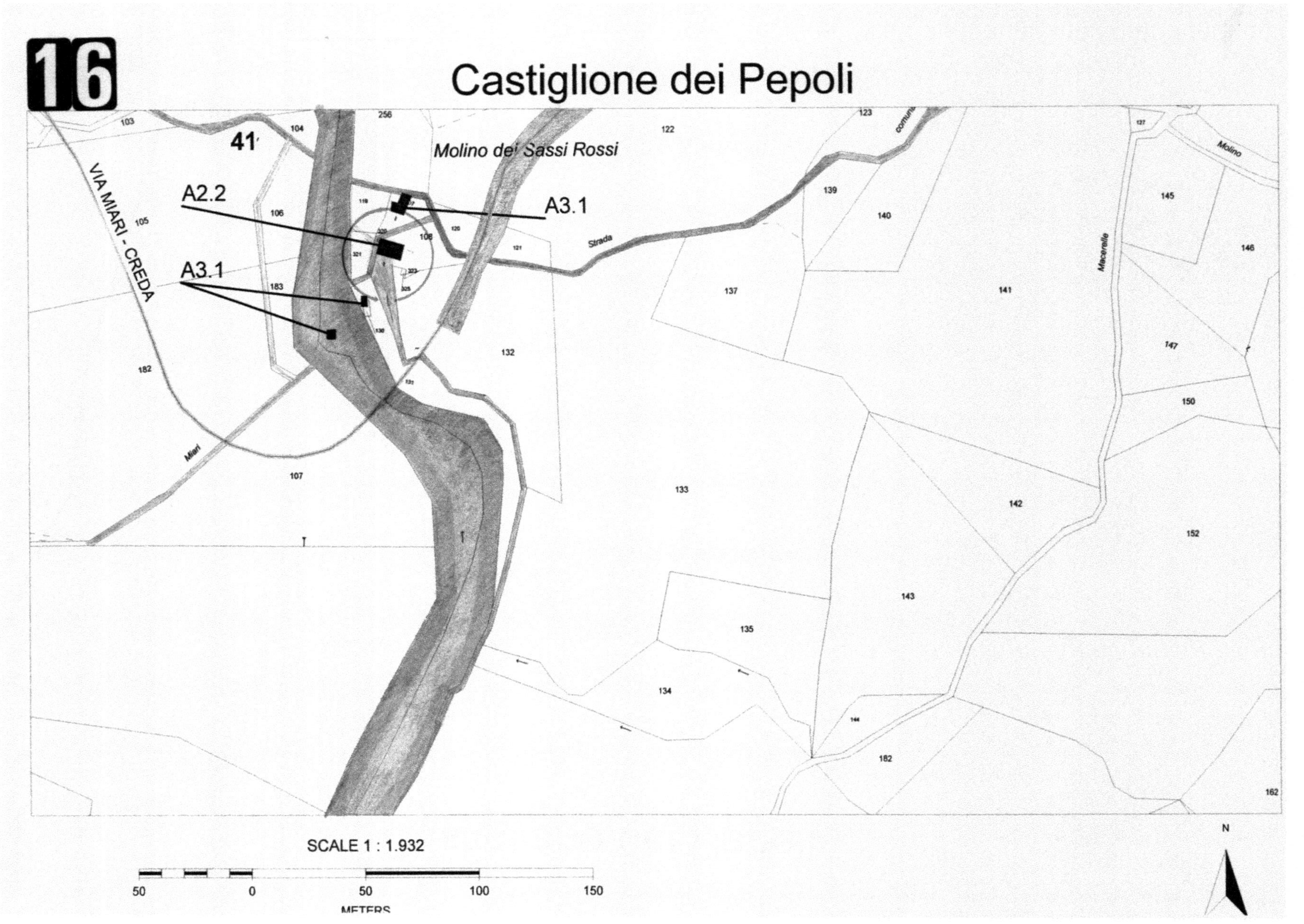
16
Castiglione dei Pepoli
Molino dei Sassi Rossi
A2.2
A3.1
A3.1
41
VIA MIARI - CREDA
Strada
Macerelle
Molino
Miari
SCALE 1 : 1.932
50
0
50
100
150
METERS
N

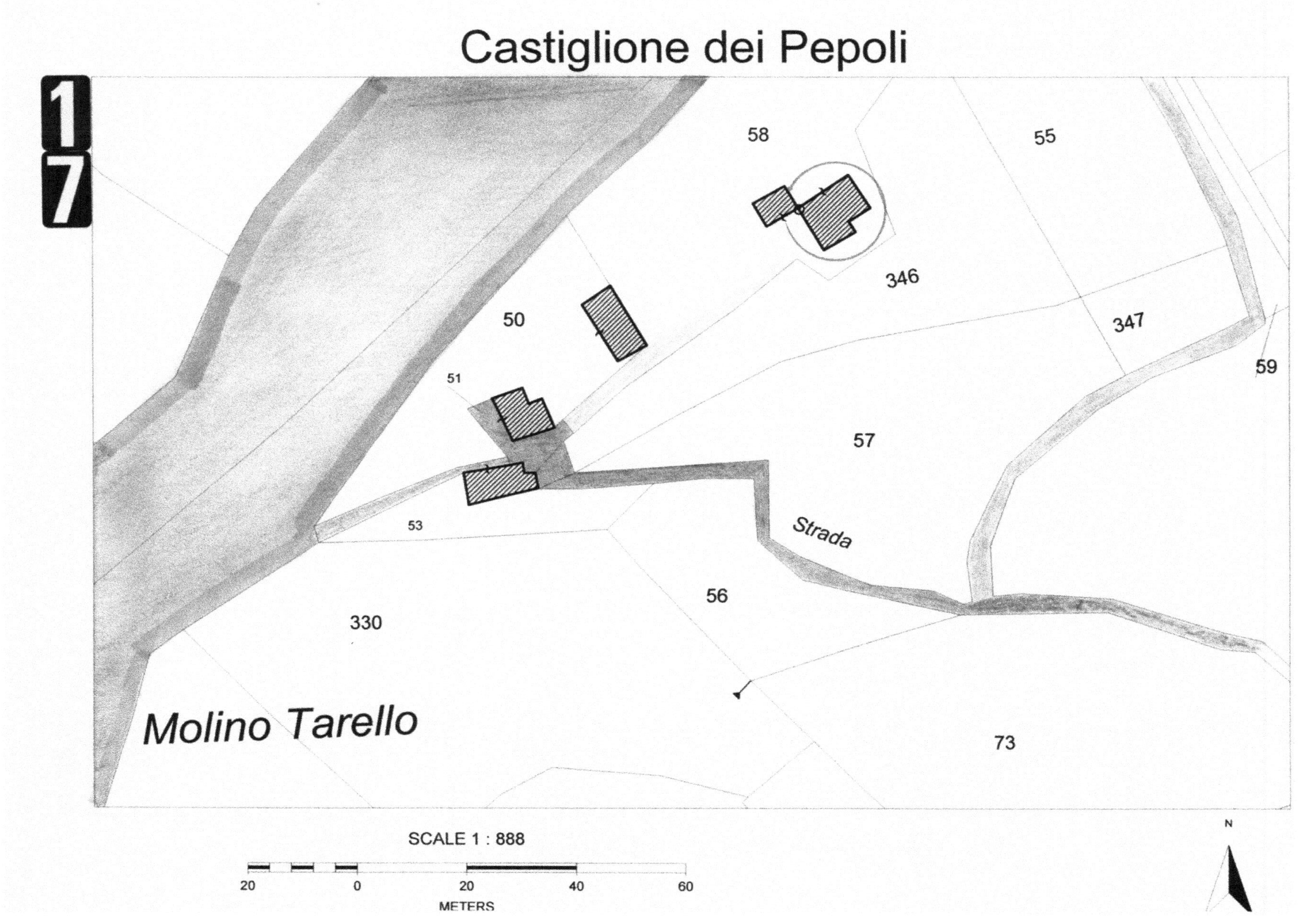

17
Castiglione dei Pepoli
58
55
346
50
347
51
59
57
53
Strada
56
330
73
Molino Tarello
SCALE 1 : 888
20
0
20
40
60
METERS
N

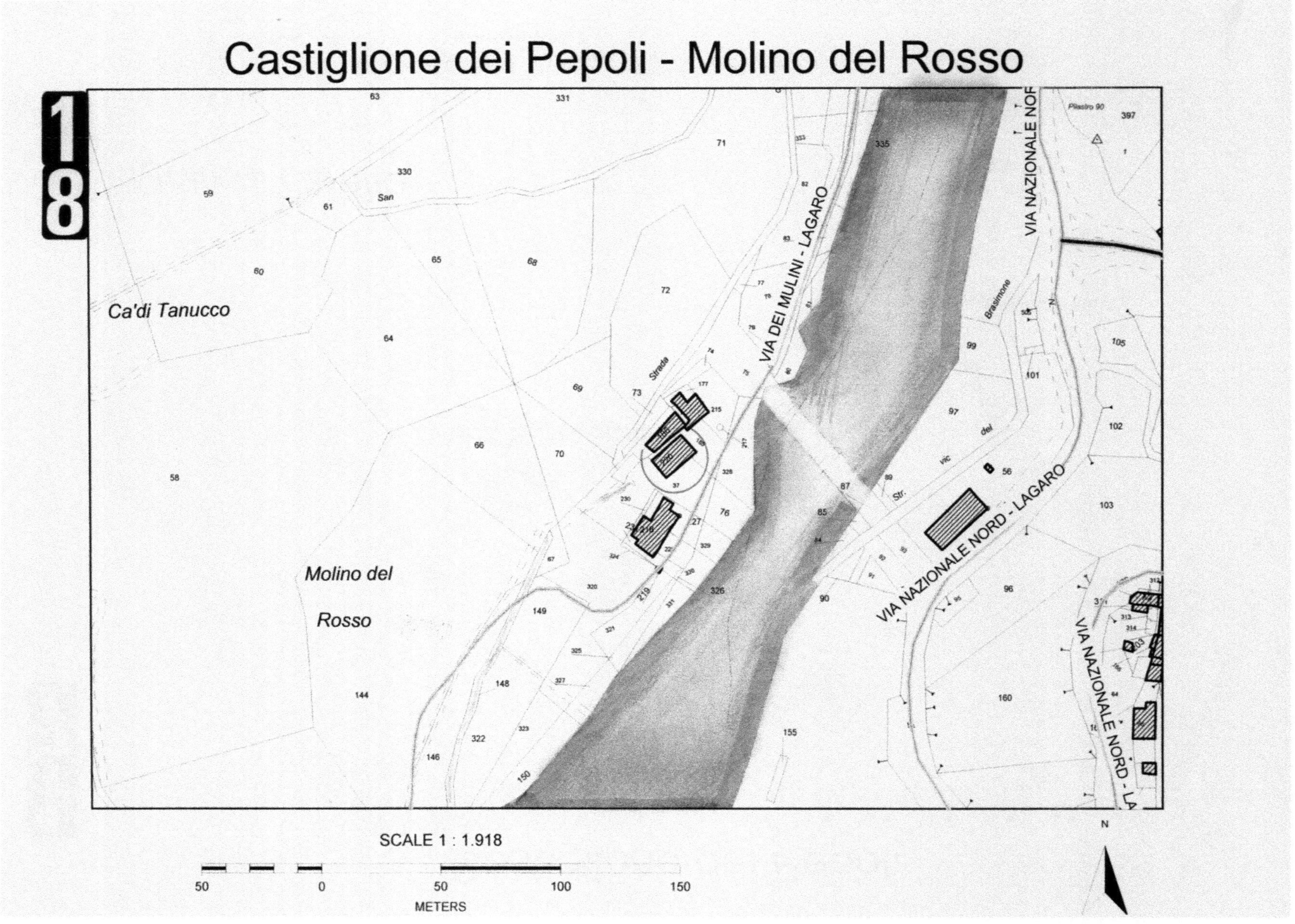

18
Castiglione dei Pepoli - Molino del Rosso
Ca'di Tanucco
Molino del
Rosso
VIA DEI MULINI - LAGARO
VIA NAZIONALE NORD - LAGARO
VIA NAZIONALE NOR
VIA NAZIONALE NORD - LA
Brasimone
Strada
San
N
SCALE 1 : 1.918
50
0
50
100
150
METERS

www.ingramcontent.com/pod-product-compliance
Ingram Content Group UK Ltd.
Pitfield, Milton Keynes, MK11 3LW, UK
UKHW050614260726
13967UKWH00008B/2863